A MILITARIZAÇÃO DA SOCIEDADE

BRASIL OS ANOS DE AUTORITARISMO

análise · balanço · perspectivas

Consultores: EDSON DE OLIVEIRA NUNES, *cientista social (Iuperj)*
LINCOLN PENNA, *professor de história (UFRJ)*
MATINAS SUZUKI, *jornalista (Folha de S. Paulo)*

Coordenadora editorial: ANA CRISTINA ZAHAR

Os Despossuídos: Crescimento e Pobreza no País do Milagre, *Sérgio Abranches*
Televisão & Vídeo, *Fernando Barbosa Lima, Gabriel Priolli e Arlindo Machado*
A Militarização da Sociedade, *Clóvis Brigagão*
A Igreja e o Autoritarismo, *Marcos de Castro* (Prefácio de Frei Betto)
A Desordem Jurídica, *Marcelo Cerqueira e Roberto Amaral*
As Artes Plásticas, *Wilson Coutinho*
O Golpe na Educação, *Luiz Antônio Cunha e Moacyr de Góes*
Nova República?, *Florestan Fernandes*
O Brasil no Mundo, *Paulo Francis*
A Imprensa nos Anos de Autoritarismo, *Jânio de Freitas (organizador)*
A Política Científica e Tecnológica, *E. A. Guimarães, F. Erber e J. Tavares*
Sociedade e Política, *Helio Jaguaribe*
O Teatro sob Pressão: Uma Frente de Resistência, *Yan Michalski*
A Reconquista da Terra, *Carlos Minc*
Justiça e Autoritarismo, *F. A. de Miranda Rosa*
A Ciência na Universidade Brasileira, *Cláudio Moura Castro*
A Política Nuclear e o Caminho das Armas Atômicas, *Luiz Pinguelli Rosa*
Economia: Milagre e Anti-Milagre, *Ignacio Rangel*
20 Anos de BNH, *Jó Rezende, João Ricardo Serran e Fernando Burmeister*
Burguesia Nacional e Capital Estrangeiro, *Karlos Rischbieter (org.)*
O Humor, *Cora Rónai entrevista Millor Fernandes*
O Esporte & O Carnaval, *João Saldanha e Roberto Moura*
A Questão Urbana, *Benício Schmidt e Ricardo Farret*
A Manipulação de Dados, *Antonio Maria da Silveira*
A Distribuição de Renda, *Paul Singer*
Literatura e Vida Literária, *Flora Sussekind*
A Música, *Matinas Suzuki (organizador)*
O Grande Salto para o Caos, *Maria da Conceição Tavares e J. Carlos de Assis*
A Deformação da História em um Regime Autoritário, *J. L. Werneck da Silva*
O Cinema, *Ismail Xaviel, Jean-Claude Bernadet e Miguel Pereira*

Clóvis Brigagão

A Militarização da Sociedade

Jorge Zahar Editor

Rio de Janeiro

1985
Direitos para esta edição contratados com
Jorge Zahar Editor Ltda.
rua México 31 sobreloja
20031 Rio de Janeiro, RJ

Ficha técnica
Revisão: Carlos Alberto Medeiros (copy); Lúcia Mousinho, Robson Ramos e Renato Carvalho (tip.); *Projeto Gráfico:* Ana Cristina Zahar; *Arte-final:* T. Fernandes (capa); José Geraldo de O. Lacerda (texto); *Impressão:* Ionelli Indústrias Gráficas Ltda.

CIP-Brasil. Catalogação-na-fonte
Sindicato Nacional dos Editores de Livros, RJ

Brigagão, Clóvis, 1942-
B864m A Militarização da sociedade / Clóvis Brigagão. – Rio de Janeiro : Jorge Zahar Ed., 1985.
(Brasil: os anos de autoritarismo)

1. Brasil – Política e governo, 1964-1985 2. Forças armadas – Atividades políticas – Brasil – 1964-1985 3. Forças armadas – Atuação civil – Brasil – 1964-1985 4. Indústria de armamentos – Brasil I. Título II. Série

CDD – 320.98108
322.50981
355.033081
85-0548 338.476234

ISBN: 85-85061-08-1

Sumário

Agradeço a Carlos Alberto Medeiros,
que enriqueceu o texto em sua revisão.

Preliminares

Esta é uma longa história. Mais exatamente, foram duas décadas ou, para ser ainda mais preciso, 7.300 dias desde que os militares deram um golpe de Estado em 31 de março de 1964. O fato de que houve um golpe militar em 1964 não foi, em si, uma novidade. Tradicionalmente, a vida política brasileira tem sido palco de intervenções militares desde que nos tornamos independentes, em 1822. E com a Proclamação da República, ocorrida em 1889, também pela força das armas, os militares iniciaram um novo ciclo de intervenções. A razão era simples: os militares ficavam acima das brigas que floresciam entre facções das classes e das elites brasileiras e, portanto, funcionavam como fiel da balança para que o Estado continuasse a existir. Na história, esse ciclo de golpes e intervenções é conhecido como que fundamentando o papel moderador das Forças Armadas.

Há, pois, parentescos entre o golpe de 64 e as demais intervenções militares ocorridas durante toda a nossa história moderna. Pode-se mesmo dizer que 1964 foi o resultado de um longo e demorado processo de ingerência militar na vida política e civil do país. Mas, ao contrário do que ocorreu anteriormente, quando a intervenção das Forças Armadas tinha curta duração, voltando os civis a ocuparem o poder logo a seguir, em 1964 as regras do jogo foram substancialmente mudadas. Agora, as Forças Armadas, por uma série de fatores, assumiram a construção de um tipo diferente de poder, penetraram fundo na máquina do Estado, asseguraram o controle da administração pública e aí se fixaram como inquilinos permanentes.

Ao contrário do que ocorreu no passado, os militares de 64 não só se prepararam para ocupar o poder como definiram um projeto nacional com grande coesão, tanto da própria corporação, como de boa parte do país. As Forças Armadas tomam o poder não porque um, dois ou mais militares se tornassem o presidente do Brasil, mas porque todo o corpo de oficiais e generais passou maciçamente a ocupar instituições políticas, culturais e econômicas que, por sua natureza e função, deveriam estar em mãos de civis e, portanto, sob o controle da sociedade e de seus representantes legitimamente eleitos. Não sendo eleitos, com um poder de fogo muito mais poderoso do que o conjunto da sociedade, as Forças Armadas permaneceram no controle político do Estado, mudando radicalmente a composição do poder. Daí o caráter completamente original e os efeitos dessa intervenção militar de 64 sobre o país.

Interessa discutir a natureza desse regime militar, tendo em vista três assuntos. O primeiro vai apresentar o que foi a intervenção na administração pública, no Governo federal e nos Estados, nos organismos e nas instituições que traçam diretrizes políticas em várias áreas da vida brasileira. O segundo assunto, desconhecido pela maioria do povo e inteiramente novo na discussão política brasileira, vai nos revelar como as Forças Armadas passaram a ter uma enorme participação nos recursos econômicos do país, através do crescimento e expansão da economia militar. Esse assunto já venho desenvolvendo em estudos publicados no livro *O mercado da segurança,*[1] onde examino com mais profundidade todo o processo de formação da indústria militar, da pesquisa e desenvolvimento tecnológico militar e de seus efeitos sobre a economia e a sociedade brasileira. Finalmente, o terceiro assunto diz respeito à militarização por que passaram a nossa sociedade e a nossa cultura nestes últimos 20 anos.

Não há dúvida de que toda essa intervenção começa a sofrer um desgaste progressivo a partir de 74, quando tem início o processo da chamada abertura política. Essa transição, que se originou numa estratégia das próprias Forças Armadas, teve caráter gradual, lento e seguro. Esse período culminou na eleição, ainda indireta, do presidente Tancredo Neves, civil e apoiado numa larga coligação da Aliança Democrática. Restará saber que contorno irá adquirir essa Aliança ao longo dos próximos anos e que papel terão, na Nova República, as Forças Armadas e os militares. Serão mais perguntas do que propriamente receitas, para se entender se de fato haverá "volta aos quartéis" ou se ainda seremos surpreendidos, dada a fragilidade política da sociedade, por algum retrocesso de cunho militar. Tudo isso poderá ser devidamente encaminhado pelo Congresso Nacional e pela própria sociedade na próxima Constituição, após a formação da Assembléia Constituinte. O controle civil e constitucional sobre as instituições armadas passa a ser o nó górdio de nossa sobrevivência como sociedade madura e civilizada, nesta atual fase de transição do autoritarismo para a democracia.

I. A Montagem da Máquina

Para se ter uma idéia mais abrangente sobre a natureza dessa intervenção militar e sobre o dinamismo da autonomia das Forças Armadas, é preciso partir de algum critério que abra o caminho para nos fazer entender o que se passou. Um ponto de partida para caracterizar o militarismo brasileiro é fixar um critério, o qual chamarei de *segurança política.* De fato, desde a ascensão militar em 64 até a posse do novo presidente civil, o Brasil viveu sob o manto sagrado da Segurança Nacional. Tudo passou a ser criteriosamente examinado, informado, decidido em função do critério da segurança. Desenvolvimento, economia, saldos positivos de políticas, cassações e funcionamento do Legislativo passaram pelo crivo da segurança. Assim, criou-se uma grande máquina da segurança e, portanto, tivemos um verdadeiro Estado da Segurança implantado pelas Forças Armadas. Por outro lado, as políticas controladas pelo Estado militar acabaram gerando uma situação de extrema insegurança por parte da população, como a que vemos hoje nas cidades e no campo. A política econômica e as políticas sociais e culturais desses anos de silêncio e autoritarismo acabaram criando um clima de violência e militarização da própria sociedade. Esse último aspecto deveu-se, em grande parte, ao crescimento de um vasto mercado da segurança que invadiu, através da indústria, do comércio e dos serviços, o circuito das atividades sociais, marginalizando a maioria e privilegiando uma minoria.

Daí que os militares admitem a retirada da cena política a partir da compreensão do grau de segurança que irão negociar com as elites políticas. A estratégia assumida de que a devolução do poder aos civis seria feita em termos graduais, de forma lenta e com a máxima segurança revela o caráter da desmilitarização que o país atravessa. Somente assim os militares se sentiram seguros politicamente. Estavam, pois, garantidas as condições para que as Forças Armadas saíssem incólumes dos desgastes sofridos e dos encargos que lhes foram atribuídos pela mais aguda crise que o país já viveu. Na medida em que os militares sentiram que sua *segurança política* estaria garantida é que passaram a agir e a traçar os rumos da retirada, negociando os passos da abertura e da aceitação de uma candidatura civil à Presidência. Nesse sentido, foram absorvendo as crescentes mobilizações pelo retorno à democracia e todas as etapas seguintes. Assim foi com a Anistia, o fim da censura e do AI-5, a reorganização partidária, as eleições para governadores em 82, a campanha pelas diretas, a eleição de um presidente civil pelo Colégio Eleitoral e sua posse. E assim as Forças Armadas foram sendo absolvidas. . .

Desde que assumiram o poder em 1964, as Forças Armadas passaram a atuar como se fossem um partido político. Desorganizaram os instrumentos tradicionalmente políticos da sociedade e os substituíram pelos mecanismos e formas militares, apenas deixando uma margem mínima de representação para a sociedade. A percepção de sua segurança passou a ser construída por aquilo que pudesse criar uma imagem de eficiência econômica e combate à subversão. Dessa forma, a eficiência econômica e militar passou a ser o denominador comum da operação militar. Mas isso não era uma garantia suficientemente forte para criar um espaço de permanência prolongada no poder e, portanto, uma imagem de legitimidade.

Como então sair do impasse, ultrapassar o autoritarismo, manter a unidade das Forças Armadas sem um custo muito alto? Começam a perceber que há, de fato, custos crescentes na medida que prolonguem a sua permanência. E somente a partir daí é que entendem ser melhor começar uma operação de retirada, garantida a sua segurança política. Ou seja, o retorno à democracia teria êxito desde que não colocasse em risco a integridade das Forças Armadas e não ocorresse o revanchismo – ou apelos à Justiça para o julgamento de militares –, como se deu na Argentina. Assim, os limites da desmilitarização política, econômica e social seriam dados pelo critério da *segurança política*.

O controle do poder

De maneira muito geral, poderíamos estabelecer três momentos do processo de militarização por que passou a sociedade brasileira. O primeiro momento aconteceu quando do próprio desfecho do golpe militar de 64. É o controle militar da cúpula do Governo, a intervenção em alguns Estados da Federação, a montagem da máquina de controle do poder federal, simbolizada pela estruturação do Serviço Nacional de Informações e do Conselho de Segurança Nacional. Eram os dois pilares básicos da militarização. O segundo momento ocorreu com a instalação do Ato Institucional nº 5 e com o início do chamado milagre econômico, período em que a ditatura militar assume em toda a sua extensão o caráter mais ostensivo e abusivo de seu poder. Já nesse momento, consolida-se também uma partilha do poder entre militares e tecnocracia, pelo domínio de posições na administração pública federal e estadual, atingindo não somente o primeiro, como também o segundo e o terceiro escalões da tecnoburocracia.

No terceiro e último momento da militarização, há primordialmente a consolidação da aliança militar-civil na administração do Estado, quer nas decisões de âmbito político como nas de âmbito econômico e gerencial do Governo. Configuram-se nesse período as primeiras manobras para a consolidação do poder militar, justamente no momento em que se inicia a operação abertura política. E é exatamente nesse período, em que, paralelamente, se dá o início do processo de retirada militar da cena política, que o poder econômico da indústria militar cresce e se consolida.

O que interessa mesmo é dar o perfil dessa militarização. As Forças Armadas não só hostilizaram e cassaram mandatos populares, mas excluíram da vida política nacional forças oposicionistas, nacionalistas, lideranças populares e sindicalistas, liberais e até mesmo aliados de primeira hora. Foi o caso de líderes civis e governadores de importantes Estados que deram apoio decisivo ao golpe. Instalou-se não apenas um Governo militar, do tipo clássico latino-americano, caracterizado pela origem castrense dos presidentes ou pelo totalitarismo repressivo às liberdades públicas no país. Nem só o país passou a viver sob o predomínio do superpoder do Executivo, enfraquecendo o Legislativo e o Judiciário. Assiste-se a uma mais profunda e demorada intervenção, executada paulatinamente na organização e no modo de vida da sociedade e da cultura do país.

Primeiro, militarizou-se o Executivo, com a ascensão ritualizada do general-presidente, assessorado diretamente pelo Conselho de Segurança Nacional e pelo SNI. Esse núcleo central do poder, com suas decisões seguindo as linhas de comando, controle e informação, tinha características tipicamente militares. Por exemplo, o Conselho de Segurança Nacional e o SNI determinaram as cassações de mandatos políticos, decidiram a decretação do *pacote de abril* (1977), que criou a figura dos senadores biônicos, nomeados, bem como articularam a resposta diante da rejeição, pelo Congresso, do decreto-lei que fixava a política salarial (1983). Lances políticos importantes, como o restabelecimento de relações diplomáticas com a China, o reconhecimento de Angola e o voto contra o sionismo na ONU passaram também pela aprovação e a decisão militares. Como é ainda o caso com Cuba.

Assim como foi criada a figura do general-presidente, surgem os generais-ministros ou os coronéis-diretores e presidentes, ocupando lugares estratégicos na formulação de políticas governamentais e na distribuição de recursos públicos, tradicionalmente qualificados como de competência civil. Através dos decretos-leis, militarizando o processo legislativo, passou-se a controlar os principais ministérios e órgãos públicos, cujas políticas se transformaram em pacotes fechados caindo sobre a sociedade, sem qualquer poder de revisão ou anulação. Sem falar nos decretos secretos, arbitrariamente decididos, como se vivêssemos em guerra contra um inimigo – no caso, o povo brasileiro.

NOTA:

[1] Clóvis Brigagão, *O mercado da segurança*. Rio de Janeiro, Nova Fronteira, 1984.

II. A Militarização da Política

No alto do regime, o general-presidente concentrou todas as decisões de caráter político e institucional. Mesmo após ter sido extinto o AI-5, que conferia poderes ditatoriais ao presidente, este ainda dispunha de três tipos de poderes excepcionais: as Medidas de Emergência, o Estado de Emergência e o Estado de Sítio. E, à sua disposição, ainda três superleis: a de Segurança Nacional (parcialmente revista), a de Greve e a de Imprensa (também parcialmente modificada). E o general-presidente ainda mantinha sob o seu controle exclusivo o comando do Exército e de todas as Polícias Militares, destruindo o que restava da autonomia dos Governos estaduais em matéria de segurança.

> A primeira medida adotada no Governo do Estado do Rio de Janeiro, em março de 1983, foi desmontar esse esquema militar e desmembrar a antiga Secretaria de Segurança, controlada diretamente pelo Exército, através da nomeação de um oficial militar como Secretário. Partiu-se para a solução de se criarem duas Secretarias, a da Polícia Militar, comandada por um oficial da própria corporação, e a da Polícia Civil e Judiciária, com a nomeação de um delegado de Polícia Civil. Com isso, devolve-se a autonomia do Estado em relação à segurança pública e, ao mesmo tempo, desmonta-se a rede da comunidade de informação existente dentro da Polícia estadual.

O processo de militarização da política inicia-se a partir do Conselho de Segurança Nacional e, mais particularmente, de sua Secretaria Geral, que foi o lugar de destaque do poder decisório em termos das grandes linhas de ação governamental. A Secretaria Geral, segundo nos informa Walder de Góes em seu livro *O drama da sucessão,*[1] funcionava através de seis subchefias que tratavam de todos os assuntos relacionados com questões políticas, econômicas, militares e psicossociais, estas últimas cobrindo ainda assuntos referentes à mobilização nacional e "especiais". Suas tarefas cobriam e ainda cobrem a assessoria na formulação da política interna e externa. Um bom exemplo de sua atuação foi o episódio da Guerra das Malvinas. Na medida em que a linguagem e as decisões do Governo não atingiram, diante da complexidade dos acontecimentos, uma diretriz comum e uma decisão de unanimidade, a Secretaria traçou a política que resultou no apoio condicional às reivindicações da Argentina, opondo-se ao mesmo tempo à solução armada do conflito. Também no caso de assuntos econômico-financeiros, a Secretaria Geral impunha orientações ao Governo, como nas negociações entre o Brasil e o GATT (Acordo Geral de Tratados e Tarifas) sobre preços de nossos produtos industriais e agrícolas, ou no caso da venda de armas, orientada pela Política Nacional de Exportação de Material de Emprego Militar. Havendo conflitos de decisões entre um ministério e outro, entre um órgão e outro, a Secretaria Geral do CSN entrava em ação, arbitrava e decidia, oferecendo ao presidente a presteza e a orientação segura que não eram encontradas nos procedimentos dos ministérios. Também em sua ação na área designada como psicossocial, muito enfatizada no período mais agudo da ditadura (69-74), a Secretaria Geral atuava em função das políticas regionais, demarcação de terras, migração, habitação, questões indígenas, previdência social e política demográfica.

No caso da política demográfica, as Forças Armadas assumiram, no início dos Governos militares, atitude semelhante à política adotada pela tecnocracia do Planejamento, que era a de fomentar a taxa de crescimento populacional, em função dos vazios territoriais e da ocupação das fronteiras. Na época, tinha-se a expectativa de que o bolo econômico iria crescer e mais tarde ser distribuído fartamente pela população brasileira. Acontece que o país cresceu demograficamente, o bolo expandiu-se em quantidade e os recursos não foram distribuídos. Daí

os bolsões de miséria, a marginalidade crescente e a pobreza espalhada pelo território nacional.
Agora, o Estado-Maior das Forças Armadas, num estudo recente, mostrou a alarmante situação de seus próprios soldados. Cerca de 47% do total de seus soldados foram considerados incapazes, física e mentalmente, portanto inaptos para o serviço militar. Quer-se então revisar a política demográfica expansionista e partir para adotar a política do planejamento familiar, através de programas de contenção do crescimento demográfico.

A participação da Secretaria Geral do CSN na formulação e implementação da política propriamente militar tem sido ampla e realizada sob a coordenação dos ministérios militares e do Estado-Maior das Forças Armadas, bem como das Federações das Indústrias, tendo em vista a importância estratégica que vem sendo atribuída à política de mobilização industrial, isto é, o desenvolvimento da indústria bélica e a conversão de indústrias civis em militares. Há ainda outros assuntos de interesse da Secretaria Geral, como a política nuclear e energética, recursos do fundo do mar, meio ambiente e recursos compartilhados com países fronteiriços.

Acrescentaria ainda o papel que tem a Secretaria Geral na formulação da política dos minérios estratégicos e da informática. Quanto à política dos minérios estratégicos, que agora vem sendo coordenada em conjunto com o Conselho Nacional de Siderurgia e Não-Ferrosos, há uma preocupação muito grande quanto ao seu controle, relacionado diretamente com a política militar e nuclear. Uma vez que a disputa pelos recursos minerais estratégicos passou a ser uma disputa de poder entre as grandes potências, essa questão, no Brasil, converteu-se numa preocupação militar e de segurança em razão de nossa imensa riqueza mineral. No caso da informática, esta teve impulso em função do desenvolvimento da indústria e da tecnologia militares, proporcionando a criação de um parque industrial microeletrônico de grande porte. Isso garantiu o desenvolvimento de uma política de informática que a Secretaria Especial de Informática (SEI) passou a dirigir, sob o domínio da Secretaria Geral do CSN. Com o estabelecimento da reserva de mercado, instituída por lei do Congresso, a SEI passou para o controle direto da Presidência da República e o poder dos militares sobre a política de informática parece ter diminuído. Mas, do ponto de vista de sua importância estratégica, o domínio da informação eletrônica ainda continuará merecendo atenção especial por parte dos militares, inclusive porque há uma íntima relação entre informática e desenvolvimento militar, nas áreas de foguetes, aeroespacial e nuclear.

Para se ter uma noção mais ampla da importância da Secretaria Geral, basta dizer que o seu pessoal elevou-se a mais de 200 técnicos e especialistas, na sua maioria absoluta de formação militar. Isso, sem mencionar o pessoal lotado no Conselho, nos grupos de trabalho, etc. Assim, a Secretaria Geral tinha penetração em toda a burocracia do Estado, civil e militar, bem como junto ao Serviço Nacional de Informações.

O controle da administração pública

Ocupando o espaço político, os militares passaram a controlar áreas tradicionalmente da responsabilidade de civis e dos políticos, e muitas delas consideradas estratégicas do ponto de vista das políticas de Governo. Militarizaram-se vários ministérios, não só porque eles passaram a ser dirigidos por generais ou coronéis, mas porque, em sua política, nos seus métodos ou também no estilo decisório, refletiam-se o espírito e o comportamento militares.

Além da Presidência da República, do Conselho de Segurança Nacional, do Serviço Nacional de Informações, do Estado-Maior das Forças Armadas, a lista de ocupação nas áreas federal e estadual de Governo foi longa e profunda. Em primeiro lugar, destacaram-se os Ministérios das Comunicações e dos Transportes, assegurando ao poder militar um domínio espacial e informatizado do território. A seguir, militarizaram-se os Ministérios das Minas e Energia, do Interior, dos Assuntos Fundiários, da Educação e Cultura, e do Trabalho. Em cada um deles, as políticas e os processos foram gradativamente sendo incorporados à doutrina da Segurança Nacional e passaram a funcionar dentro dos critérios de avaliação do poder militar. Nada escapava ao crivo da segurança e nada impedia que as políticas voltadas para o atendimento da sociedade, em suas variadas demandas, tivessem o rigor e a disciplina militares, embora do ponto de vista de seu atendimento os resultados fossem catastróficos.

Por exemplo, através do Ministério da Educação e Cultura, desencadeou-se o processo de controle do saber e do conhecimento, desde a formação primária até o ensino universitário. A intervenção militar na educação foi considerada prioritária, dada a sensibilidade da área, não só em termos dos estudantes, mas pela sua repercussão cultural e no ambiente comunitário da família, da Igreja e até mesmo nos círculos educacionais militares, com suas implicações político-ideológicas. Os militares passaram não só a ocupar lugares de destaque na administração do M. da Educação, além de um general e um coronel terem sido ministros, mas orientaram a política educacional do país. Houve intervenções no ensino, nos currículos e nos programas educacionais. A escolha de reitores passou a ser um critério de natureza político-militar e a orientação do programa de pesquisas científicas e tecnológicas sofria constantes mudanças, de acordo com os interesses da segurança e do crescimento de setores sob a influência dos militares. Decisões sobre alojamentos universitários, competições, prêmios, tudo passava pelo crivo militar. Instalou-se nos cursos de primeiro e segundo graus o currículo da moral e cívica, marginalizando-se o ensino aberto e democrático de nossa história e de nossas instituições para dar lugar ao ensino de conteúdo militar e ao patriotismo militarizado. O mesmo ocorreu com a substituição do ensino da sociologia e da política, de natureza crítica, pelo estudo de problemas brasileiros (EPB) no ensino universitário, onde foi marcante a presença de militares na sua direção. Até mesmo no Ministério da Educação havia uma Coordenação dos Estudos dos Problemas Brasileiros, voltada para disseminar a ideologia da segurança nacional, inspirada no currículo da Escola Superior de Guerra. No caso do EPB, há inclusive cursos no nível de mestrado, como se esse curso fosse o retrato do ensino universitário na área das ciências sociais. Teses e mais teses foram elaboradas e seu conteúdo manifesta as concepções desenvolvidas pelos militares na Escola Superior de Guerra. O esvaziamento contínuo dos cursos universitários de sociologia, política e filosofia foi mais que circunstancial, levando-os quase a desaparecer. Sua existência era desestimulada. Suas verbas, sempre parcas, foram ainda mais reduzidas. Professores eram cassados, alunos, expulsos pelo Decreto 477, que levou ao exílio milhares de jovens brasileiros.

Em contrapartida deu-se grande estímulo à educação física e aos esportes, com intensa militarização na conduta e nos objetivos, tornando-os símbolos de um país atlético. Enormes recursos e investimentos foram destinados à criação de praças e estádios de esportes, principalmente para o futebol. Ainda estão na memória do país os anos do Governo Médici, os gritos da multidão nos estádios de "pra frente Brasil" e "ninguém segura este país", onde o futebol ajudava na propaganda do "milagre brasileiro" saído das divulgações da Assessoria Especial de Relações Públicas (AERP) da Presidência da República. Em todos os Estados do Brasil, surgiram, sob a direção de militares, estádios e mais estádios, cada qual maior e mais sofisticado que o outro. Inclusive as federações esportistas passaram a ser também controladas por militares que se serviam da mobilização popular para seus propósitos políticos e de controle social.[2] Também na área do bem-estar da criança e do menor, a política implantada durante o período de 64 até agora foi a da mais brutal violentação do sentido humanitário e preventivo para se transformar numa alavanca do controle social de cunho militar. Desde a Funabem até as Fundações Estaduais de Educação e Bem-Estar do Menor – que abrangem uma faixa de idade que vai de um a 18 anos –, crianças e jovens passaram por uma verdadeira orientação e conduta militaristas. Há uma grande quantidade de relatos, não só de menores, como de dirigentes responsáveis que acabaram por se demitir por não concordarem com as práticas exigidas pelas autoridades militares na condução da educação dos menores.

> Crianças transformadas em patrulheiros, guardas-mirins sob a inspiração e treinamento militares.
> Menores torturados e espancados em celas e cubículos, cujo estilo arquitetônico lembra verdadeiras fortalezas e prisões. Corredores fechados, boxes para castigos, janelas dispostas bem no alto, com pouca ventilação. Menores transportados em Kombis inteiramente fechadas, parecendo camburões.

Houve celas subterrâneas para menores na sede de Quintino Bocaiúva, no Rio, com regime disciplinar punitivo e castigos freqüentes.

Na área da política cultural, uma avaliação sobre a sua militarização tomaria, somente ela, espaço suficiente para se escrever um livro inteiro, tamanha e tão profunda foi a marginalização que sofreu nesses anos. Em todos os setores, a cultura permaneceu cuidadosamente censurada, silenciada: imprensa, rádio, televisão, livros, espetáculos, música, teatro, cinema, liberdade de expressão e crítica. A começar pela imprensa, com censura permanente e censores localizados nas redações de jornais e revistas e toda sorte de arbitrariedades contra a liberdade de expressão. Pôs-se em risco o florescimento cultural brasileiro. Jornais, como o próprio *O Estado de São Paulo,* tiveram publicados em suas páginas poemas e trechos literários nos lugares onde deveriam aparecer matérias então censuradas. Edições eram sumariamente retiradas de circulação. Livros eram previamente censurados. Editoras tiveram que recorrer à "influência" de militares em seus conselhos. Além do prestígio que isso poderia significar, razões comerciais e bancárias facilitavam os financiamentos. Acabou que, não sendo do *metier,* alguns militares-editores imprimiam uma marca especial na política editorial, com censura a livros, opções preferenciais sem um mínimo de critério de atendimento ao público leitor, etc.

Haveria também que fazer um amplo levantamento, como foi feito no livro publicado por Alberto Dines sobre a censura nos jornais, sobre o número de peças de teatro, filmes e principalmente músicas de artistas e intelectuais brasileiros censurados. Além do fato da existência da apreciação sobre costumes que uma sociedade livre e democrática poderia fazer, o fato é que a censura militarizou-se, uma vez que se travou verdadeira batalha entre criadores e produtores culturais, de um lado, e agentes da segurança, militares e policiais, de outro. Na verdade, a cultura censurada e vilipendiada passou a ser uma questão militar e policial.

Um outro capítulo foi a política trabalhista dos Governos militares. Nessa área, além dos efeitos nefastos sobre a massa de trabalhadores causados pela política econômica, houve uma determinação governamental de controlar com violência toda e qualquer iniciativa de autonomia e liberdade sindicais. Centenas e centenas de lideranças sindicais, urbanas e rurais, quando despontavam como porta-vozes de reivindicações legítimas de suas categorias, eram sumariamente eliminadas da vida trabalhista e sindical. Com a repressão executada através da Lei de Greve, os militares desencadearam uma paralisação nos movimentos trabalhistas, silenciando reivindicações que refletiam direitos da grande maioria criadora da riqueza do país. O mais grave de tudo foi a criação, no sistema jurídico brasileiro, de penas e punições classificadas pelos ministros do Trabalho como "perpétuas". Mas não há na jurisprudência brasileira a figura de penas "perpétuas", nem mesmo nas atividades privativas às liberdades. E no entanto os militares cassavam dirigentes sindicais de forma "perpétua", através da CLT (Consolidação das Leis do Trabalho).

O espaço político ocupado

Em pesquisa realizada por Walder de Góes e publicada em *O Estado de São Paulo,* edição de 25 de novembro de 1979, e recentemente reeditada em seu livro sobre a sucessão presidencial, constatou-se a extensão do espaço ocupado no poder do Estado pelos militares. Os dados mostraram que quase 30% dos 360 cargos da alta administração pública federal foram tomados por oficiais da ativa e da reserva das Forças Armadas. Empresas estatais, autarquias, fundações e outros órgãos públicos militarizaram-se. Empresas de caráter civil foram ocupadas por militares que assumiram o controle direto de políticas e recursos federais considerados estratégicos.

Na área dos transportes, por exemplo, estavam a Rede Ferroviária Federal, a Petrobrás e a Sunamam (Superintendência Nacional da Marinha Mercante), esta última, há pouco tempo, palco de escândalos fabulosos. No estratégico setor das comunicações, os militares ocuparam o Dentel (Departamento Nacional de Telecomunicações), a Telebrás, a Radiobrás e os Correios e Telégrafos. No Ministério das Minas e Energia, que alguém já disse constituir-se num verdadeiro e tentacular império, foram seguradas a Eletrobrás, a Petrobrás e a Nuclebrás. No outro império, pelo seu tamanho e controle de grandes recursos orçamentários, o Ministério do Interior, que inclusive proporcionou candidato à Presidência da República, a lista é grande: Sudam (Superintendência do Desenvolvimento da Amazônia), Sudene (Superintendência do Desenvolvimento do Nordeste), Gebam (Grupo Executivo da Bacia Amazônica) e GETAT (Grupo Executivo das Terras do Araguaia e do Tocantins). O autor da pesquisa exclui de sua verificação os ministérios militares (Exército, Aeronáutica e Marinha), bem como o Gabinete Militar da Presidência e o Ministério das Relações Exteriores. No último exemplo, no entanto, seria interessante verificar que, embora militares não façam parte da carreira diplomática, houve também militares-embaixadores. Como também adidos militares, normais presenças nos consulados brasileiros no exterior, mas agora com grande influência nas negociações sobre vendas de armamentos para clientes estrangeiros.

Não há dúvida, portanto, de que os militares souberam tirar o seu proveito da gigantesca máquina do Estado brasileiro e penetraram a fundo na administração dos negócios governamentais do país. Inicialmente, após o golpe de 64, o primeiro impulso por parte dos militares que passavam para a reserva foi o de encontrar o seu "repouso" no setor privado, nos conselhos das grandes companhias multinacionais. Mas, segundo as tendências surgidas ao longo do processo autoritário, acabaram se entrosando com o poder político governamental, ocasionando tudo aquilo de que hoje em dia a sociedade vem tomando conhecimento sobre a administração pública.

Uma outra informação muito importante foi a descoberta da pesquisa de que, apesar das transformações políticas decorrentes da sucessão presidencial, entre o período Geisel e o Governo Figueiredo, isto é, com o avanço da abertura política, não houve mudança significativa na participação dos militares no controle da máquina governamental. Ainda hoje, com a possível retirada da cena política das Forças Armadas, o número de militares que ainda participa dos órgãos federais (e até mesmo estaduais) é incomensurável – tomando-se como exemplos órgãos de caráter civil. Resta saber como é que a Nova República irá tratar esse assunto e completar a desmilitarização governamental e de suas respectivas políticas.

A militarização das leis

Também não escaparam da militarização os Poderes Legislativo e Judiciário. Quanto ao primeiro, desde a tomada de poder, em 64, os militares olhavam com desconfiança e até mesmo rancor o que ocorria nos plenários e na discussão do Congresso Nacional. Além de serem atingidos pelas cassações e perda de direitos políticos, os parlamentares logo perceberam o avanço do militarismo sobre suas cabeças e sobre as políticas legislativas.

Em termos formais, o Congresso foi atingido duramente pelo menos quatro vezes nesses anos de poder militar. Com isso, a casa que deveria ter a iniciativa das leis do país perdeu a hegemonia legislativa e também a de ser o lugar da representação da pluralidade partidária nacional. O primeiro golpe desfechado contra o Congresso foi realizado um ano depois, em 1965, ainda sob o Governo de Castelo Branco, que, diante das eleições para governadores, em que as oposições ganharam posições-chaves, enterrou o sistema pluripartidário. Daí é que nascem a Arena – com a pretensão de ser o maior partido do Ocidente – e o MDB, única oposição consentida ao poder militar. Outro golpe ocorreu em 1966, ainda com Castelo Branco. Pela resistência de parlamentares contra a cassação de deputados, o Congresso foi pressionado, cercado por tropas do Exército e humilhado, com os congressistas retirados em *fila indiana*. Mais tarde, já em plena vigência do sinistro Ato Institucional nº 5, sancionado em dezembro de 1968, durante o final do Governo de Costa e Silva – que acabou falecendo antes do término do mandato nomeado –, o Congresso Nacional permaneceu fechado durante quase um ano. Nesse tempo, governava o país a Junta Militar e o Congresso teve seu poder ainda mais reduzido.

Modificações foram executadas, por ordem da Junta, para restringir as atividades das Comissões Parlamentares de Inquérito (CPIs), mecanismos de controle sobre o Governo e normais em qualquer democracia representativa. Apenas cinco comissões poderiam funcionar, sendo as demais simplesmente eliminadas por decreto militar.

Para ilustrar um pouco mais o que ocorreu durante esse longo período, com relação ao Legislativo, basta verificar o número de leis aprovadas pelos três Poderes. De 1964 até 1979 (segundo fonte do próprio Congresso), das 2.572 leis – sem mencionar os decretos-leis, da competência exclusiva do Executivo em tempos autoritários – que foram sancionadas pelos presidentes militares, somente 590 (menos de 25%) foram originadas no Congresso e 26 no Judiciário. Tudo mais veio do superpoder do Executivo, sob a batuta do general-presidente.

A situação não foi menos constrangedora para o Poder Judiciário. Considerado constitucionalmente um poder autônomo e independente dos governos, e portanto imune às contingências e conjunturas políticas, o Judiciário passou também a ser considerado como um órgão que deveria ser controlado pelas Forças Armadas. Logo em 1965, através do Ato Institucional nº 2 – que, como os outros, feria abertamente a ordem legal e jurídica do país –, reformam-se dispositivos da Constituição para garantir a competência exclusiva da Justiça Militar para os acusados de crimes contra a Segurança Nacional.

Da mesma forma, códigos de legislação comum e ordinária, utilizados no processo penal, foram considerados da competência militar. As 22 auditorias do Exército, da Aeronáutica e da Marinha iniciaram processos de julgamento de civis e militares considerados opositores do regime militar. E não se podia entrar com recursos contra as condenações – em sua grande maioria, sem quaisquer fundamentos jurídicos legais – no Supremo Tribunal Federal. Elas só podiam ser julgadas pelo Supremo Tribunal Militar.

Ademais da militarização e do cerceamento, o Judiciário sofreu esvaziamento de suas atribuições exclusivas. O poder militar suspendeu as garantias da magistratura e da vitaliciedade e impediu transferências de juízes, desembargadores e ministros. Com base nos Atos Institucionais, o regime militar cassou também juízes e desembargadores, modificando ainda a composição numérica (de 11 para 16) do Supremo Tribunal Federal, para a conveniência política de manipulação e controle.

O poder militar da informação

Finalmente, de grande importância, não só pelo que representou durante os anos de militarismo – um poder paralelo independente até mesmo das Forças Armadas –, mas pelo que poderá representar de agora em diante, temos o Serviço Nacional de Informações, o SNI.

O SNI, como estrutura de poder de informações diretamente vinculada à Presidência da República, adquiriu proporções inusitadas, infiltrando-se por todas as áreas do Estado e da sociedade civil. Formou-se uma intensa e intrigante rede de informações que se entrecruzavam através do sistema nacional de informações. Esse sistema tinha como elos de ligação o próprio SNI, o Estado-Maior das Forças Armadas, as comunidades setoriais dos ministérios militares e civis, tendo em vista as informações de ordem político-estratégica e aquelas referentes à subversão, tanto interna como no exterior. É claro que esse sistema de redes formais e informais não funcionava como um bloco monolítico, como nos conta Ana Lagoa em seu livro *SNI, como nasceu, como funciona.*[3] Questões políticas e disputas internas no Governo sempre provocaram conflitos de informações entre as várias redes do SNI.

Mas o fato é que o SNI montou uma extensa rede de centros de informações e representação formal em todos os ministérios, através das DSIs (Divisões de Segurança e Informações), e nas autarquias e empresas públicas, com as ASIs (Auditorias de Segurança e Informações), bem como em todos os Estados (delegacias) e nos municípios de maior representatividade (representantes). Essa rede, apoiada pela Agência Central e com recursos ilimitados, sem qualquer controle por parte do Congresso e da sociedade, exerceu influência decisiva nas decisões dos Governos militares.

Também não se pode desprezar a influência e até mesmo certa liderança do SNI sobre as fontes de informações do próprio Exército, Marinha e Aeronáutica. Tanto o Centro de Informações do Exército (CIE) como o Centro de Informações e Segurança da Aeronáutica (CISA) e o Cenimar, da Marinha, são tidos como fundamentais para as Forças Armadas. No entanto, dentro das Forças Armadas, esses três centros de informações não são bem-vistos, sendo considerados corpos à parte da estrutura de decisões da corporação militar. Através desses serviços, o SNI também estendeu as suas atividades à Polícia Federal, às Polícias Militares dos Estados, aos Bombeiros e às Delegacias da Ordem Política e Social. De fato, durante os 20 anos de regime militar – em que se investiu muito na segurança do Estado e muito pouco na segurança dos cidadãos –, militarizou-se a Polícia (Militar e civil) e até mesmo o Corpo de Bombeiros. Aliás, no caso do Corpo de Bombeiros, geralmente um serviço público e, na maioria de outros países, de caráter civil e voluntário, ele passou a ser considerado um setor de segurança (com participação até mesmo na repressão política), e ainda hoje se podem ver placas assim em frente aos seus prédios: "Área de Segurança". A própria Inspetoria Geral das Polícias Militares permaneceu diretamente subordinada ao Estado-Maior do Exército e sob a influência do SNI. Aliás, as próprias Polícias Militares eram também treinadas no combate à subversão, através de métodos de guerrilha.

Calcula-se em 200 a 300 mil o número de pessoas trabalhando na chamada "comunidade de informações", incluindo informantes sem vínculos diretos com os órgãos que a compõem. Locais de trabalho, sindicatos, escolas e universidades, edifícios residenciais, partidos políticos, além de 39 agências no exterior, transformaram o SNI num império da informação e da segurança nacional. Em 1972, em cerimônia discreta, deu-se a aula inaugural da Escola Nacional de Informações, que, segundo o seu diretor, era um órgão de formação de "técnicos" e não de espiões. A partir da Esni, seria desenvolvido o Plano Nacional de Informações. Tratava-se de treinar quadros profissionais de informações com estudos especializados. Os cursos, inicialmente, eram de nível médio, e já no ano seguinte a Esni absorveu o curso de informações da Escola Superior de Guerra, no nível de pós-graduação. Com polpudas verbas e um elegante edifício, a Escola Nacional de Informações selecionava e dava cursos aos aspirantes a especialista em informações, tendo em vista a "coragem, capacidade de análise e, sobretudo, discrição".

Pouca dúvida nos resta quanto à evidência de que foi do SNI, contando com um arquivo de mais de 300 mil nomes investigados, que saíram os militares destinados aos mais altos postos do Estado. Até mesmo presidentes da República, pois a importância que o militar dá à informação é muito grande. A própria elite das Forças Armadas é muito atenta para esse setor, pois é aí que estão os "mais talentosos e os mais ambiciosos". No caso brasileiro, o SNI penetrou fundo na administração do Estado e na sociedade e, mais que isso, passou a orientar os passos decisórios das próprias Forças Armadas quando elas decidiram encaminhar a abertura política. Até mesmo nas decisões sobre promoções e transferências de comandos, o SNI dispunha de poder de influência. Daí que muitos oficiais procuravam se acercar do SNI, esperando obter algum tipo de privilégio.

Tal acumulação de poder colocou em risco a própria abertura e até mesmo a unidade das Forças Armadas. Pois o SNI passou a enfeixar em suas mãos tentaculares um espaço próprio na formulação do processo de redemocratização e na estratégia de retirada dos militares do poder. O ímpeto de correntes liberalizadoras das Forças Armadas, durante o processo de sua retirada do poder, vinha encontrando resistências seguras por parte do pessoal do SNI. Afetando a política militar, elas afetavam indiretamente o processo de redemocratização e poderiam colocar em risco o êxito de sua operação. Por outro lado, pode-se observar também que existe uma ambigüidade nesse processo. O SNI também é, até certo ponto, uma segurança na retaguarda das Forças Armadas para uma eventual intervenção no futuro político brasileiro. Se as Forças Armadas sentirem algum incômodo ou uma limitação mais radical de seu poder, terão a cobertura do SNI.

De qualquer maneira, a nova etapa de transição às instituições democráticas que o país atravessa deve pressupor uma ampla e profunda redefinição e reorganização das finalidades e estruturas do SNI. Não há dúvida de que o seu poder foi longe demais, hipertrofiou-se, crescendo à sombra do Executivo, do Legislativo, do Judiciário e até mesmo das Forças Armadas. Segundo a opinião de um estudioso, o SNI é tão ou mais poderoso que os maiores serviços de informações das grandes potências, como o dos Estados Unidos (CIA) ou o da União Soviética (a gigantesca KGB).

É, portanto, de interesse da civilidade e da democracia brasileira, e até mesmo das Forças Armadas, que mudanças sejam feitas nas estruturas todo-poderosas do SNI. Não se trata apenas da escolha de um nome, até mesmo civil – como poderia ter sido o caso –, mas da sua estrutura, de onde deriva uma perigosa sobreposição de poderes. Só dessa maneira civilizada é que tanto a sociedade como o Congresso Nacional poderão controlar os serviços de informações do Estado.

NOTAS:

[1] Walder de Góes e Aspasia Camargo, *O drama da sucessão*. Rio de Janeiro, Nova Fronteira, 1984.

[2] Sobre esse assunto ver, nesta mesma coleção, o final do capítulo V do livro de Luiz Antônio Cunha e Moacyr de Góes, *O golpe na educação.*

[3] Ana Lagoa, *SNI, como nasceu, como funciona.* São Paulo, Brasiliense, 1983.

III. A Militarização da Economia

Eis um assunto de muito pouco conhecimento do público brasileiro. Pela imprensa, tomamos ciência de que o país fabrica esta ou aquela arma, quase sempre em tom de orgulho. Porque as nossas Forças Armadas ficam assim mais fortes e o país também, na medida em que, pelas exportações, obtemos mais divisas. São justificativas simplistas, para impressionar a nação que, no seu cotidiano, vive todas as dificuldades possíveis. Também poucos especialistas sobre esse tema ainda não saíram das análises convencionais, ora fazendo parte do coro que canta as glórias do armamentismo brasileiro, ora privilegiando que agora o Brasil desenvolveu uma tecnologia nacional que tem sido positiva para o conjunto de outras descobertas e o desenvolvimento de nossa própria técnica. Ainda outros consideram de muito proveito o desenvolvimento da indústria militar e de suas exportações, que hoje alcançam todas as regiões do mundo, pois, se não vendermos, outros o farão. São justificativas e raciocínios falsos, com critérios puramente mercantis e que nunca fazem qualquer análise relacionada com o desenvolvimento social e cultural do país. Passam por cima de tudo por motivos apenas econômico-financeiros, como se devêssemos nossa sobrevivência, riqueza e desenvolvimento ao que pudermos retirar da produção e exportação do armamento nacional.

Então, pergunto, que relação e correspondência existem entre o aumento da capacidade militar – requisito da ocupação política dos militares em 64 – e os constantes aumentos dos gastos militares e da apropriação de recursos orçamentários, de fundos de pesquisas e de nossos mais capacitados quadros de técnicos e cientistas?

Pode-se mesmo afirmar que a marca da industrialização brasileira de hoje é essa economia da defesa dirigindo os demais setores e com ramificações e implicações políticas, tecnológicas e culturais. Cada vez mais, a indústria militar e seus aspectos tecnológicos vão dando o ritmo do parque fabril, entrosando as Forças Armadas com os demais setores industriais e as políticas das federações, que se ocupam em aumentar o dinamismo econômico do país. Daí a presença dos Departamentos de Mobilização Industrial nas Federações das Indústrias de quase todos os principais Estados do Brasil. Não seria exagero também observar que esse novo industrialismo está sendo estimulado pela produção militar e tecnológica. E, nesse caso, há uma associação entre empresas estatais, capital privado nacional e multinacional.

O desenvolvimento da indústria bélica nacional está estreitamente relacionado com as modificações mais recentes na estrutura produtiva e com os avanços tecnológicos internacionais. Com o crescimento da corrida armamentista mundial, houve um aumento na utilização de recursos técnicos e naturais para a segurança e defesa, bem como no número de países produtores e exportadores. Apareceu uma nova onda de transferência de armamentos. Com o crescente custo e sofisticação dos equipamentos militares, além de maiores investimentos, a longo prazo, na pesquisa e desenvolvimento militar, grandes projetos e fábricas inteiras passaram a ser transferidos sob a forma de licenças de co-produção entre empresas e governos. Naturalmente, durante os anos mais recentes, essas formas de transferência se intensificaram, através da disseminação de corporações transnacionais trabalhando conjuntamente com empresas nacionais e consórcios governamentais.

Primeiramente, a associação internacional entre o Estado e empresas privadas tornou-se um dos problemas mais complicados para todas as economias, principalmente para economias e sociedades como a nossa. Isso significa que além de problemas políticos e éticos, há o fato concreto de que o armamentismo passou a ser a menina dos olhos da política econômica dos governos militares.

O comércio internacional de armamentos até pouco tempo caminhava em espiral, por vias bastante conhecidas e previsíveis. Era mais ou menos o seguinte: a cada ano, os países do mundo desenvolvido, incluindo aí a União Soviética, vendiam quantidades cada vez maiores de armamentos cada vez mais sofisticados para um mercado cada vez mais amplo de países da América Latina, Oriente Médio e Ásia. Isso ocorreu até a década de 70. No entanto, nos últimos anos, principalmente entre 82 e 84, o mercado armamentista passou por uma grande transformação. Pela primeira vez em anos, o volume total de vendas de armas, de forma inesperada, sofreu uma queda aguda. Como também a procura de armamentos com tecnologia altamente sofisticada começou a declinar. Antes, qualquer país queria era comprar armas caras e de luxo – as armas chamadas *barrocas* –, mas isso esgotou-se.

Além do mais, o mercado, dominado por um punhado de países ricos, como os Estados Unidos, as Repúblicas Socialistas e os Estados Europeus, começou pela primeira vez a sofrer o assédio de alguns países que passaram a produzir e exportar armas, como Israel, África do Sul e Brasil.

O desenvolvimento militar brasileiro nos últimos 20 anos não pode mais ser interpretado do ponto de vista dos modelos clássicos, nem através de pontos de vista do tipo *dependência.* À medida que o Brasil se expande e se integra no mercado mundial, como a 10ª economia, as exigências no sentido de uma tecnologia mais avançada e do controle dos recursos estratégicos constituem uma política implícita para a produção doméstica de armas. O militarismo brasileiro apóia algumas teses e doutrinas da tradição geopolítica, cujas raízes têm origem ainda no século XIX. Uma das premissas dessa nova versão é a de que o Brasil precisa integrar-se ao capitalismo ocidental, sob pena de tornar-se internamente vulnerável e internacionalmente impotente. Para superar essa situação, o Brasil precisa de um Estado forte e autoritário que viabilize a sua segurança nacional.

Durante esses 21 anos, não foi outra a estratégia executada pelos que dirigiram o país. Assim, interesses políticos e econômicos gerados internamente conduziram-nos a aspirar a um lugar de destaque no mundo e a projetar uma imagem de potência. Esse projeto desenvolveu-se através da expansão da indústria militar e do programa nuclear. Os fortalecimentos da indústria bélica e agora do potencial nuclear foram conduzidos paralelamente, do ponto de vista estratégico e operacional. Como o setor militar reagiria a um programa nuclear em que o material armamentista dependesse de fornecimentos estrangeiros? Por um lado, como o país poderia tornar-se independente e auto-suficiente, com uma indústria militar própria, se esse processo não levasse ao desenvolvimento da indústria nuclear? Por outro lado, uma vez que os custosos projetos industriais, como Itaipu, as usinas nucleares construídas e projetadas, Carajás, etc., exigiram uma enorme zona de segurança, tornava-se cada vez mais necessária uma forte defesa militar para a sua integração e operação.

Apenas para ilustrar, observamos que o Brasil tem tido uma posição crítica em face da política militar e nuclear internacional. Não assinamos o Tratado de Não-Proliferação das Armas Nucleares, mantendo-nos numa posição independente em relação ao controle das superpotências sobre os mecanismos militares e nucleares internacionais. Como também o Brasil não ratificou algumas cláusulas, consideradas as mais importantes, do Tratado de Desnuclearização da América Latina (Tratado de Tlatelolco, 1967), deixando as portas abertas para o desenvolvimento nuclear militar e desequilibrando as relações da segurança regional.

Na América Latina, sente-se que, para o seu próprio interesse, é necessário que o Brasil e a Argentina mantenham um equilíbrio regional. Os militares brasileiros, percebendo que o programa nuclear argentino pode resultar na produção de armas atômicas – o que todos suspeitam ocorrerá num futuro breve –, encontram argumentos para acelerar sua capacidade atômica com um custo que tem sido objeto de críticas e oposição da comunidade científica e de alguns setores da sociedade brasileira. O desenvolvimento nuclear da Argentina vem seguindo uma orientação gradativa, racionalizando opções tecnológicas, além de seguir um caminho relativamente autônomo. Primeiro se desenvolveu uma infra-estrutura industrial, possibilitando o avanço de novas etapas que, por sua vez, propiciaram novos impulsos no desenvolvimento nuclear.

No caso brasileiro, o programa nuclear tem-se caracterizado por saltos no escuro e pela falta de visão. Razões de ordem regional com o sentido de vulnerabilidade, além da desigualdade que assegura o congelamento do poder mundial, levaram o Brasil a seguir o curso nuclear. A elite nuclear, com suas políticas desconcertantes, tem afirmado que o programa nuclear é de caráter pacífico. Argumenta-se que a transferência do ciclo completo da tecnologia nuclear foi feita sob a supervisão da Agência Internacional de Energia Atômica (AEIA), com todas as salvaguardas garantidas. Dessa forma, o Governo militar acreditava que o seu programa estivesse legitimado pela autoridade da AEIA.

Aumenta-se assim o perigo da corrida armamentista na América Latina e ainda mais os riscos da proliferação nuclear regional. A busca de maior igualdade internacional não poderá ser realizada unilateralmente, mas sim por meio de consultas e resoluções multilaterais. O Tratado de Tlatelolco e outros mecanismos de desarmamento – com apoio regional e internacional – deveriam ser tomados como passos concretos rumo a um sistema coletivo de defesa democrático. Infelizmente, a realidade mostra um outro quadro. São ainda os próprios interesses econômicos e militares que controlam o poder mundial. Não se pode deixar nas mãos da diplomacia oficial e convencional a tarefa exclusiva de inverter essa situação. É indispensável que se promovam novos círculos de diplomacia paralela, responsáveis, nos quais uma ampla coalizão de grupos, movimentos e instituições, governamentais e não-governamentais, participem e venham a decidir sobre o futuro da política regional militar nuclear.

No Brasil, a interação de fatores militares e nucleares significou a criação de uma poderosa e forçada expansão geopolítica e econômico-financeira. Isso resultou na diversificação do mercado produtivo interno – o do Brasil potência – e numa expansão do comércio exterior, privilegiando o comércio internacional de armamentos. A capacidade da economia da defesa e do potencial nuclear foi a resposta simultânea e, de certa maneira, conclusiva ao chamado modelo econômico implantado a partir de 1964. Esse, com todas as suas implicações e complicações sociais, marcaria impasses que estamos atravessando agora e que poderão resultar exatamente na vulnerabilidade nacional, de caráter sócio-cultural.

Deu-se, assim, prioridade ao funcionamento da estrutura de defesa das Forças Armadas, com todas as suas implicações políticas, ideológicas, institucionais, tecnológicas e culturais. A dinâmica seguida pela indústria bélica, embora instalada em período de paz, sem que o Brasil se tenha envolvido em conflitos de fronteiras ou ameaça internacional, tem sido conduzida como se o país estivesse em tempo de guerra.

O pensamento que está por detrás dessa política formulada pelos militares nos últimos anos é o de que o Brasil está fadado a desempenhar uma grande tarefa no mundo conturbado de hoje. Deu-se ênfase à idéia de que o país está concretizando seu destino manifesto de vir a ser um poderoso império. Não um império no sentido tradicional, no espírito colonial das grandes potências do século XIX ou dentro das concepções imperiais dos Estados Unidos ou da União Soviética. Mas um "auto-império" contemporâneo, crescendo a partir de suas próprias plataformas, quer em termos territoriais e populacionais, quer do ponto de vista de sua capacidade industrial e tecnológica. Sob outra perspectiva, o desenvolvimento militar passou a ser o âmago da Segurança Nacional, uma vez que as políticas de desenvolvimento articuladas pelo modelo econômico passaram a desempenhar a função de cumprir "a última fase" desse projeto de Nação-Império. Nação-Império que se concretizaria pelo fortalecimento da indústria militar, do potencial tecnológico e do programa nuclear. Os projetos militar e nuclear seriam como os "últimos recursos" da doutrina da Segurança Nacional da elite militar de continuar sua associação com o mercado mundial.

É importante notar que, ao criar mecanismos políticos que induziram maiores contribuições ao setor de exportação, o controle da Segurança Nacional estimulou o desempenho do comércio brasileiro de armas. O que resultou desse processo foi a regulamentação do comércio de armas pelo Programa Nacional de Exportação de Material de Emprego Militar (PNEMEM), executado a partir da Secretaria Geral do Conselho de Segurança Nacional, como já dissemos anteriormente. Apesar de a idéia original ter sido a de manter um controle rígido sobre o comércio exterior de armas brasileiras, aconteceu que as decisões governamentais sobre o assunto acabaram por aumentar a participação dos negócios multinacionais sobre esse setor, considerado estratégico. Sob o argumento da "nacionalização" do armamento e de sua participação no comércio internacional para que o Brasil se tornasse menos vulnerável às crises econômicas mundiais, o que se viu foi uma maior internacionalização da economia militar no Brasil.

Internamente, os militares passaram a exigir maiores aumentos nas dotações para a defesa. E argumentavam dizendo que as crescentes dotações orçamentárias e o aumento dos fundos de pesquisas não produziriam maiores distorções na economia brasileira.

É importante insistir sobre esse argumento e sobre as linhas básicas desse *pacto geopolítico.* A orientação que se segue para fomentar e executar a política de defesa do país desenvolve-se através de três elementos de conteúdo nitidamente geopolítico. Primeiro, pela mobilização do capital industrial e financeiro, pela expansão da pesquisa e desenvolvimento e por incentivos e subsídios fiscais. Segundo, aproveitando a acumulação econômico-industrial das últimas décadas para fortalecer a chamada Empresa Nacional, formada pela associação de conglomerados econômico-financeiros do Estado, capital privado nacional e internacional. Terceiro e último, elevar essa expansão forçada, através de rendimentos suplementares da acumulação e benefícios econômicos, como nova afirmação geopolítica. Como parte da reformulação desse último aspecto, o país teria que reforçar alianças e penetrar nos mercados da América Latina, África e Ásia, já que o nível de sua expansão no Primeiro Mundo chegara ao limite máximo, dentro da situação atual.

Como parte dessa história, desde sua criação, no século XIX, as Forças Armadas e sua concepção de defesa passaram por várias fases de organização e estratégias operacionais. O Brasil tem tido alguma indústria de armas desde o século passado, a partir do envolvimento na Guerra do Paraguai. Após a instalação da República e com a intervenção das Forças Armadas, justificou-se a fabricação de armas como o elevado sentimento de que o país se preparava para algum novo conflito. Com seus próprios recursos, foi criada a Diretoria do Material Bélico, com a ativação da Direção Geral da Engenharia, do Arsenal de Guerra e a instalação de fábricas de cartuchos e pólvora, como Paquetá, Realengo e Estrela, no Rio de Janeiro.

Com a Revolução de 30 e tendo em vista já um certo grau de desenvolvimento industrial, um grupo de militares – treinados na Europa com o evento da Primeira Guerra Mundial – projetou uma nova estrutura de defesa para o país. Agora, a indústria do aço, controlada por companhias estrangeiras, fornecia os ingredientes para o desenvolvimento industrial e a fabricação de pequenas armas e munições. No entanto, apesar desse esforço, o país continuava a ser um tradicional comprador de armamentos europeus. Isso correspondia a determinada política de defesa, em que o Brasil concentrava sua maior atenção sobre objetivos de fronteira com países limítrofes.

Após a Segunda Guerra Mundial, em que a Força Expedicionária Brasileira lutou contra as forças do Eixo e do fascismo, os militares inauguraram a Escola Superior de Guerra. Centro do pensamento e das doutrinas brasileiras da segurança e da projeção do poder nacional, a ESG transformou-se desde cedo no local em que a elite militar programou a nova segurança nacional. A atenção agora, nos anos 50 e 60, era no sentido de promover um novo figurino para a doutrina da Segurança Interna e das contra-revoluções. Os Estados Unidos já possuíam seu arsenal nuclear e os militares brasileiros pensavam que, assim, esse guarda-chuva atômico americano nos garantia contra qualquer ameaça vinda do exterior. Uma hipotética ameaça externa, de onde viesse, era de importância secundária – embora vivêssemos os anos quentes da Guerra Fria –, com o que se dava prioridade para o desenvolvimento de armas leves e a aquisição de equipamentos importados ou dentro dos acordos militares assinados pelo Brasil com os Estados Unidos e, eventualmente, com a Europa.

Essa política significava a manutenção de determinado estilo de defesa e de uma corporação militar treinada sob o ponto de vista de uma concepção externa, basicamente dos Estados Unidos.

Assim, o Acordo Militar Brasil-Estados Unidos (1952) foi assinado em função do contexto da Guerra da Coréia e do início das disputas entre as duas novas potências mundiais. Do ponto de vista militar e de defesa hemisférica, os Estados Unidos inauguravam uma nova estratégia. Com base na análise de que havia uma ameaça contra os seus aliados, os Estados Unidos criaram o Programa de Assistência Militar (Military Assistance Program – MAP), como instrumento ativo de proteção de seus interesses mundiais. Para os americanos, um país como o Brasil, de grande território e com uma industrialização emergente, encontrava-se vulnerável diante de uma agressão externa proveniente da União Soviética. Os objetivos do Programa de Assistência Militar fortaleciam os "laços de cooperação militar e de segurança continental", facilitando a influência e o controle norte-americanos no fornecimento de material militar, créditos e treinamento para as Forças Armadas brasileiras. De acordo com esses interesses, um país passava a receber os benefícios de proteção depois de assinar com os Estados Unidos um acordo militar de assistência mútua, conforme o Mutual Security Act, a Lei de Segurança Mútua, de 1951. Os países que assinavam o acordo passavam então a fornecer aos Estados Unidos recursos minerais estratégicos para a segurança do mundo ocidental (conforme o próprio Acordo Brasil-Estados Unidos previa no seu artigo VIII). Os objetivos do Acordo Militar eram claros, embora os militares brasileiros negassem que havia qualquer obrigação por parte do Brasil de enviar material estratégico ou de a vir participar na Guerra da Coréia.

Entretanto, indicações no Acordo sobre assuntos ligados ao comércio de matérias-primas foram logo detectadas por setores nacionalistas e políticos da oposição. O fato de que poderiam ser exportados materiais considerados estratégicos criou um clima antiacordo. Todavia, apesar de fortes pressões e da oposição de bancadas parlamentares nacionalistas, em 1953 o Congresso aprovou o Acordo Militar Brasil-Estados Unidos.

E ele acabou fornecendo razões para provar suas implicações. Embora fosse declarado que se tratava de um acordo que iria modernizar as Forças Armadas brasileiras, no fundo, os Estados Unidos se preocupavam com os seus aspectos geopolíticos. A assistência militar passa a adquirir sentido político e de doutrinação, estreitando as relações de dependência dos militares brasileiros aos norte-americanos. O Departamento de Defesa dos Estados Unidos adotava políticas e mecanismos que influenciavam diretamente a corporação militar brasileira, sua organização e funcionamento. Além de que os Estados Unidos garantiram um grande mercado para seus velhos e obsoletos armamentos – utilizados na Segunda Guerra e na Coréia –, excluindo outros concorrrentes (europeus) que ainda se debatiam na reconstrução econômica.

Tais laços foram muito bem aproveitados para fins de vendas de equipamentos e serviços militares ao Brasil. Essas funções político-econômicas e de doutrinação (via Escola Superior de Guerra) eram executadas por missão militar que funcionava segundo critérios estabelecidos pela estrutura do Grupo Conselheiro de Assistência Militar, o qual supervisionava e instruía militares brasileiros que iriam operar equipamentos fornecidos através do Acordo Militar. Além do que funcionava como um canal de informação sobre a capacidade do Brasil, seus recursos, hábitos e cultura.

Com o passar dos anos, viu-se que a regras do jogo eram claramente contrárias ao Brasil e que, pelo Acordo, não havia uma política de transferência da tecnologia militar por parte dos Estados Unidos. Estes forneciam equipamentos que precisavam de operadores que eram, por sua vez, treinados nas escolas norte-americanas, de acordo com padrões e tecnologias *made in USA.* Também em caso de conflito armado, o equipamento militar norte-americano não ficaria fora de uso por falta de operadores familiarizados com o material cedido.

Argumentou-se também que os Estados Unidos tiveram grandes dificuldades em manter as condições regulares de operacionalidade das Forças Armadas brasileiras num nível razoavelmente equilibrado, como as de suas próprias forças militares. O crescente aperfeiçoamento tecnológico imposto pelas empresas militares dos Estados Unidos criava um distanciamento em relação ao Brasil. O que ocorreu então foi que as Forças Armadas brasileiras passaram a se encarregar da manutenção e reposição do equipamento, que começava a se tornar obsoleto. Com o tempo, o equipamento começou a apresentar defeitos e a cair em desuso, e o ciclo vicioso continuava criando para o Brasil outra forma de dependência técnico-militar. Com a rápida sofisticação do armamentismo norte-americano, tornava-se impossível para as Forças Armadas brasileiras substituir peças deficientes. Pois, como se sabe, a vida útil de qualquer equipamento militar é de curtíssima duração. Encargos financeiros extraordinários teriam que ser pagos pelo Brasil, agravando a nossa eterna dívida e a precariedade de nossa pobre economia.

Praticamente, até o final da década de 50 e início dos anos 60, todo o equipamento das Forças Armadas brasileiras era transferido dos Estados Unidos, salvo algo vindo da Europa e as armas leves e munições fabricadas aqui mesmo, embora utilizando-se tecnologia importada.

Fatores externos e internos vão provocar uma redefinição desse quadro. Inicialmente, o contexto internacional dos anos 60 sofre mudanças importantes e, nele, o compromisso estratégico dos Estados Unidos de participarem da Guerra no Vietnam trouxe desdobramentos imprevisíveis a médio e longo prazos. Uma dessas implicações será na própria política dos Estados Unidos a respeito de assistência militar. As gigantescas necessidades de material e equipamentos militares criadas pelo envolvimento norte-americano no Sudeste Asiático fazem com que, cada vez mais, haja restrições à transferência de material militar para países como o Brasil. Como resultado prático de tais limitações, os militares brasileiros, sentindo-se desprotegidos, começam a procurar outros produtores – no caso, o mercado europeu, mais seguro. Passam então a adquirir grandes quantidades de material militar, sendo que, entre 1967 e 1972, entram com mais de 40% do total das compras da América Latina.

Quanto ao Programa de Assistência Militar (MAP), os Estados Unidos reorientam sua política. O MAP fora, desde os anos 40, a pedra angular do sistema industrial-militar norte-americano. Entretanto, com o desenvolvimento das tensões nas zonas periféricas, o novo foco de atenção da defesa norte-americana passa a ser mais a questão da insurreição e da guerrilha rural e urbana. Trata-se de uma reviravolta estratégico-militar. A Doutrina Nixon expressa a premissa de que os aliados dos Estados Unidos ao redor do mundo devem então assumir a co-responsabilidade de sua própria segurança e defesa. No Congresso norte-americano, vai perdendo prestígio e força o Programa de Assistência Militar, enquanto ganha estímulo outro programa, conhecido como Security Assistance (Assistência para a Segurança), cujo objetivo principal era aumentar a capacidade repressiva (policial-militar) dos países-clientes. Em 1975, dá-se início no Congresso dos Estados Unidos à desativação do MAP e, a partir de 78, a assistência militar que vinha sendo oferecida deveria simplesmente deixar de existir. No caso dos países da América Latina, e portanto do Brasil, o Bureau Latino-Americano do Departamento de Estado e do Conselho de Segurança Nacional recomendava que toda a ajuda militar deveria cessar a partir de 1976.

A única oposição veio do Pentágono, pois se acreditava que o MAP era ainda um importante instrumento no relacionamento com os militares latino-americanos.

O fato é que mais tarde o MAP desaparece e entra em cena o Programa de Vendas Militares ao Exterior (Foreign Military Sales Program – FMS). Trata-se de ampliar o poder econômico do complexo industrial-militar, que se vê diante da competição européia invadindo o seu mercado cativo. Apesar de uma série de restrições que o Congresso dos Estados Unidos impõe às vendas de equipamentos militares aos latino-americanos (inclusive por questões de direitos humanos), o FMS vai ganhando um mercado promissor, a partir da segunda metade dos anos 60. Por coincidência, é a década inaugural dos regimes militares na América Latina, a começar pelo próprio Brasil.

Estratégias do mercado da segurança

E aí então começa a nossa própria história que irá resultar na militarização da economia brasileira. A coisa mais impressionante dessa militarização é que ela ocorreu em menos de 15 anos, saltando etapas e colocando o Brasil numa posição de destaque entre as potências médias militares do mundo e primeiro lugar no chamado Terceiro Mundo. Em menos de duas décadas, o Brasil deixou de ter um sistema militar antiquado para se tornar um moderno produtor e exportador de armas.

Ainda cabe notar que, diferentemente de outros países industrializados, como o Japão, cuja indústria militar desenvolveu-se diretamente para fins bélicos, o desenvolvimento bélico brasileiro não se fez em função de algum conflito armado em perspectiva e nem por alguma ameaça de agressão externa. Por isso, o Brasil não precisava reforçar seu parque industrial e expandir seu sistema de defesa em função de alguma agressão potencial. Tudo o que foi feito parece ter acontecido na "santa paz do senhor". Daí a novidade que são a expansão e a natureza do armamentismo brasileiro.

Ironicamente, à moda brasileira, as Forças Armadas criaram esse sistema de defesa e o justificaram, como estrutura militar, como se estivéssemos em tempo de guerra. Segundo o Alto Comando das Forças Armadas, a nova estrutura e a sua política nada têm a ver com crises e tensões internacionais. Dizem que essa nova defesa brasileira foi uma criação para incrementar mesmo a nascente indústria militar. E tanto mais que precisávamos adequar meios e fins, dentro das condições internas que o país atravessava, para reciclar a própria industrialização, que vinha sendo impulsionada pelas políticas desenvolvimentistas a partir do final da segunda Guerra Mundial.

A indústria bélica brasileira é, em nossa concepção, filha do crescimento da indústria automobilística e de equipamentos civis, de bens de consumo e duráveis. E a partir de 64 ela obteve o aval dos novos planejadores, que viram na capacidade já gerada internamente pela industrialização um patamar de lançamento da indústria militar.

Se logo a partir de 64 ainda não havia uma idéia clara a respeito do novo papel que iria assumir a indústria bélica no conjunto da economia brasileira, havia sim algumas idéias implícitas na cabeça dos militares. Para eles, a indústria militar seria uma espécie de "último lance" de sua estratégia da segurança e desenvolvimento e, para tanto, o país deveria pagar qualquer preço por ela. Justificava-se, incorretamente, que os recursos que seriam investidos na indústria militar (e futuramente na nuclear), bem como os fundos para a expansão da pesquisa e desenvolvimento, funcionavam como uma garantia – um *seguro social* – para o país e para cada um de seus cidadãos.

Podemos dividir, de forma esquemática, a história da militarização da economia em três períodos principais, de 1964 até 1984/85.

O primeiro período cobre os anos de 1964 a 1967, quando se dá início ao I Plano de Mobilização Industrial. Ele corresponde ao primeiro sinal de que somente a industrialização baseada nos bens civis de consumo e duráveis já não era compatível com o modelo econômico que os militares desejavam. Em 1965, cria-se, dentro da Federação das Indústrias do Estado de São Paulo (FIESP), o Grupo Permanente de Mobilização Industrial (GPMI), similar à Comissão Consultora da Indústria Norte-Americana (American

Industry Advisory Committee) e à Comissão Militar Industrial da União Soviética. São os braços armados da industrialização moderna, que tiveram origem nos Governos de Roosevelt (Estados Unidos) e Stalin (União Soviética). O GPMI era uma associação de indústrias e industriais privados do Estado de São Paulo que se juntaram, a pedido das Forças Armadas, aos mais importantes departamentos de material bélico do Exército, Marinha e Aeronáutica. No início, privilegiou-se o Exército, pois se pensava na hipótese de aproveitar principalmente o desenvolvimento das indústrias de automóveis e caminhões e de produtos siderúrgicos. Essas seriam recicladas e aproveitadas para modernizar a tropa terrestre. Também chegou a fazer parte dessa associação industrial-militar a Comissão Nacional de Energia Nuclear, que colaborou no sentido de avaliar a capacidade produtiva do país em termos de componentes pesados para a produção de reatores nucleares já implantados no Brasil. Esse balanço foi realizado também por representantes do Instituto de Pesquisa Radioativa (MG), do Instituto de Energia Nuclear (RJ), da Eletrobrás, e até mesmo por técnicos enviados pela Agência Internacional de Energia Atômica (AIEA), com sede em Viena.

E nisso o Grupo de Mobilização Industrial foi ampliando suas atividades, compondo suas políticas, avaliando e projetando a capacidade industrial do país, adquirindo um profundo conhecimento das potencialidades militares do Brasil. Nesse período, deu-se início, dentro da política de "reversão de expectativas" implantada pelos militares no Governo, à conversão de setores da indústria civil que se encontravam obsoletos ou com sua capacidade ociosa. Entre esses setores, foram convertidas as indústrias de veículos automotores, de componentes de equipamentos pesados mecânicos, de couro e sapatos, de têxteis, de certos equipamentos aeronáuticos, de rações e alimentos, de equipamentos médico-hospitalares, de armas e munições, de equipamentos elétricos e eletrônicos.

O poder militar baseia-se no poder industrial do país. O equipamento militar será o equipamento civil militarmente aplicado. Não se deve pensar que o equipamento militar é diferente do equipamento civil. O rádio militar deve ser o *melhor* rádio,

> com os melhores componentes, a fim de operar em qualquer situação, mas, de qualquer forma, ele continua sendo um rádio civil [. . .] (*Jornal do Brasil*, 06/09/76.)

No começo dos anos 60, com equipamento obsoleto que vinha dos Estados Unidos, a importação de novos materiais implicava altos custos. Assim, considerou-se que o Plano de Mobilização Industrial seria uma excelente oportunidade para realizar o projeto de reaparelhamento militar, contando com uma base industrial civil. Daí, a implantação do Plano elaborado pelo GPMI foi sendo impulsionada de forma gradual, contando com o apoio firme de fundos governamentais. Começaram então as encomendas por parte das Forças Armadas, particularmente pelo Exército. Houve solicitações para as fábricas privadas de jipes, caminhões, barracas, *trailers* e equipamentos de comunicação.

A nova política industrial incluía também que institutos tecnológicos de pesquisa e desenvolvimento militar entrassem no jogo. Foi assim que o Centro Técnico Aeroespacial, o Instituto Militar de Engenharia e o Centro de Pesquisas da Marinha se associaram ao GPMI no sentido de abrir caminhos técnicos e desenvolver novos materiais militares. Era o início também de um novo passo para o Brasil, em que a pesquisa e desenvolvimento entra na área da tecnologia militar de comum acordo com os planos de mobilização industrial.

Conforme registros da época, a política de mobilização visava ampliar o poder industrial-militar, concentrando recursos para a defesa nacional. Tinha-se então como meta nacionalizar a indústria militar e seus componentes, economizando recursos cambiais e fazendo investimentos "socialmente" lucrativos nas Forças Armadas. Para tanto, foram sendo criadas políticas de fomento e mecanismos fiscais básicos indispensáveis para que a indústria bélica se tornasse, em breve, o setor líder da economia nacional, inclusive com preponderância no comércio exterior. Mas isso era ainda um sonho. Apenas se encontrava no papel, enquanto o país atravessava sua primeira crise econômica, resultante da política econômica implantada no primeiro Governo militar.

No entanto, ainda que incipiente, o plano de mobilização industrial para dar maior capacidade de defesa ao país crescia, gradualmente, com encomendas feitas pelas Forças Armadas (e pelas forças de segurança) às indústrias que se aglomeravam ao redor do GPMI. Tudo era submetido à aprovação do Grupo de Mobilização e seus associados.

Projetos, licenças e contratos para a produção militar deveriam seguir uma orientação relativamente segura a respeito de seus resultados:

> Buscava-se reduzir custos de aquisição e licença, através da compra de *know-how*, cujo valor estimado na época para toda a década era de 5 bilhões de dólares. Também buscava-se compensar a redução dos custos, através do favorecimento de subsídios aos produtos brasileiros, em virtude da diferença de preços entre produtos nacionais e estrangeiros. (cf. *O Globo*, 12/05/1981.)

Durante, portanto, essa primeira fase de associação das Forças Armadas com indústrias privadas, fortaleceu-se o setor militar, utilizando-se a capacidade ociosa das indústrias civis do país, concentradas principalmente no Estado de São Paulo.

Esse esforço de mobilização buscou utilizar recursos governamentais subsidiados para desenvolver empresas privadas, bem como para adquirir tecnologias mais avançadas. Daí se pensava obter vantagens para dar início ao segundo período da militarização econômica do país.

Nesse segundo período, se desenvolverão novos e maiores armamentos, com certo grau de sofisticação tecnológica, procurando-se obter um preço de venda relativamente baixo. Além disso, com a experiência passada de se utilizar a capacidade ociosa da indústria civil, a economia da defesa agora ganha experiência para fabricar produtos para o próprio mercado civil.

Há incontáveis exemplos desse tipo no processo. Um dos mais conhecidos é o da indústria aeronáutica, por onde passa a concentração de fundos de pesquisa e desenvolvimento, num desempenho que possibilitou a criação da Embraer (Empresa Brasileira de Aeronáutica).

O que chama a atenção para essa segunda fase, que vai de 1967 até mais ou menos 1975, é sua forma de expansão e sua operacionalidade. Não nos esqueçamos de que esse segundo período corre paralelo com o "milagre econômico brasileiro", sem contudo dar demonstração de que a operacionalidade da indústria bélica nacional fosse motivo explícito do êxito da política econômica então comandada por Delfim Netto.

Partiu-se do suposto de que a nacionalização do equipamento bélico seria alcançada a qualquer custo. Construiu-se, pois, uma política de reaparelhamento substitutivo de importações, seguindo-se uma orientação impulsiva procurando-se diminuir o nível de importações para o setor. Sabemos que o equipamento nacional era, de fato, quase 100% importado. Assim, determinou-se que "importar menos era o que importava", estimulando-se desse modo o crescimento subsidiado de grande parte do que hoje é o parque bélico nacional.

Também não se pode excluir do processo de desenvolvimento nesse período o fato de ele corresponder a profundas mudanças nas estruturas econômicas e sociais do país, assim como o realinhamento internacional que o Brasil apresenta. Aí estão alguns aspectos que merecerão destaque em virtude dos novos planos de reaparelhamento e modernização das três armas. Isso será realizado em virtude de se adaptar o país a uma nova estrutura de defesa e, por conseguinte, às novas exigências da indústria militar.

Através da realização dos planos de mobilização, também se chega a ter acesso a maiores recursos para o desenvolvimento da produção bélica e da pesquisa e desenvolvimento militar. Os militares, apropriando mais fundos e recursos orçamentários – como veremos mais adiante, a respeito do perfil dos gastos militares no Brasil –, consideravam que as dotações para a segurança não iriam causar qualquer desequilíbrio financeiro governamental. Mas, em princípio, as dotações e os fundos para pesquisa tornam-se não só maiores como mais freqüentes, incluindo aqui créditos suplementares que são repassados durante os anos fiscais. Sem contar que, através de múltiplos expedientes – inclusive utilizando-se da prática dos *decretos secretos* –, o poder militar aumentou sua participação no bolo de recursos orçamentários da União.

Foi assim que as Forças Armadas reaparelharam-se em todos os seus setores, desde a fase de pesquisa e desenvolvimento até a produção e comercialização de equipamentos militares. Nesse período, há também, correlatamente, uma ampliação na estratégia de ocupação vinculada à segurança nacional. As tensões internacionais, um certo vazio a ser ocupado no território nacional, os conflitos Leste-Oeste, que passavam a ser redefinidos, em função do surgimento de tensões Norte-Sul, como problemas na política internacional de transferência tecnológica, eram componentes para a argumentação em defesa de uma maior participação da indústria bélica nas riquezas do país.

Durante esse período de milagre econômico, ganhou importância uma nova aliança, forjada pelo crescimento das empresas estatais, com certo grau de maturidade da empresa privada nacional, localizada principalmente em São Paulo, mas que começa a ganhar certa dimensão regional em outras áreas do país. Houve pelo menos duas razões para essa associação assumir toda a sua plenitude. Em primeiro lugar, o desejo de fazer com que a indústria bélica, qualificada de estrategicamente nacionalizada, se tornasse relativamente auto-suficiente. A implicação imediata dessa política era a de se afastar da órbita dos suprimentos norte-americanos, substituindo importações e criando as bases para a expansão industrial e tecnológica do país.

Mas é daí em diante que começa a surgir um novo tipo de co-produção industrial, as *joint-ventures*, num intenso processo de integração do mercado interno ao mercado da segurança internacional. O realinhamento diplomático do Brasil também significava o realinhamento militar e vice-versa. Saía-se da órbita quase que exclusiva dos Estados Unidos para se intensificar uma programação conjunta com empresas e governos europeus. Nesse período, estabelecem-se no Brasil mais de 100 *joint-ventures*, tanto para suprimento do mercado interno como para a exportação de armamentos *made in Brazil*. E as Forças Armadas, através de seus principais organismos, aprovam e incentivam o estabelecimento de empreendimentos europeus-brasileiros. Mas sempre com a advertência de que os "interesses nacionais" estavam acima de considerações conjunturais.

De acordo com as autoridades militares, deveria tornar-se lei a política de fomento à produção nacional de equipamentos, reduzindo importações e subsidiando os produtos para exportação. Também se inicia uma nova política legislativa em termos da produção e comercialização do armamento brasileiro. Para muitos, essa opção militar era bastante duvidosa. Acreditava-se que o país estava apenas optando por estabelecer aqui linhas de montagem, sem a correspondente transferência de tecnologia. Era uma política de nacionalização pela metade. Essas *joint-ventures* internacionais sentiam-se atraídas pelo desempenho do setor militar, graças ao aviltamento da mão-de-obra, à superabundância de recursos naturais e aos incentivos dados pelo Governo.

De fato, isso criava bolsões transnacionalizados na economia do país. Ao chegar ao Brasil, os fabricantes externos não só teriam fácil acesso ao nosso mercado interno, mas também penetrariam, via Brasil, em mercados latino-americanos e africanos. Ao mesmo tempo, como os governos europeus e dos EUA muitas vezes proibiam as vendas de armamentos para países com regimes militares ou que violassem os direitos humanos, era preferível chegar até eles via Brasil.

Todo o processo de consolidação do armamentismo brasileiro é feito durante esse período. E o estímulo é ainda maior com a criação da Imbel, Empresa Brasileira de Material Bélico, por lei sancionada em 1975. A Imbel tornou-se a Petrobrás das armas brasileiras, inicialmente dirigida exclusivamente por militares. Ela é um conglomerado criado com o objetivo de se tornar auto-suficiente na produção interna de equipamentos militares e, posteriormente, penetrar no mercado internacional. A Imbel, sob a jurisdição do Ministério do Exército, foi concebida para ampliar o sistema industrial-militar, em termos de investimentos e facilidades para a importação de componentes necessários à produção bélica, e diversificar as exportações. Como pano de fundo, esperava-se com isso fortalecer a infra-estrutura industrial do país para que nos tornássemos mais capazes diante das necessidades de segurança interna e externa. A capacidade gerencial da Imbel abrangia quase uma dezena de pequenas e antigas fábricas militares, produtoras de pólvora e munições para o Exército, que viviam dependuradas nos braços (e nos cofres) generosos do Banco Nacional de Desenvolvimento Econômico e Social (BNDES). Também foram associadas à Imbel três empresas privadas do setor que, direta ou indiretamente, produziam material bélico e que viviam na mesma situação de maus negócios.

Estruturalmente, a Imbel tinha uma organização semelhante a um departamento militar, dado que foi concebida dentro dos moldes do Departamento de Material Bélico do Exército. Também sua administração refletia objetivos econômicos e políticos. Em seu quadro administrativo, havia, até a mudança na direção de um militar por um civil, um presidente militar, sete diretores de áreas que representavam interesses econômicos da companhia, além de representantes do Ministério da Indústria e do Comércio, da Secretaria de Planejamento (Seplan), do Estado-Maior das Forças Armadas, do Conselho de Segurança Nacional e da Confederação Nacional da Indústria. Era a alta hierarquia do complexo industrial-militar brasileiro que nascia.

Sua política foi orientada no sentido de atender ao mercado nacional de armamentos e só mais tarde procurar penetrar no mercado internacional, que, de fato, era o objetivo empresarial da Imbel. Para tanto, exigiu-se que companhias estrangeiras, as *joint-ventures*, interessadas em montar linhas de produção militar no país, viessem aqui com um tanto de capital, outro tanto de tecnologia e, principalmente, trouxessem a lista de endereços dos clientes internacionais.

Primeiramente, o II Plano de Mobilização Industrial, agora batizado com o nome de Programa de Reaparelhamento das Forças Armadas ou de Modernização do Equipamento Militar Brasileiro, foi montado para dar prosseguimento e aprofundar a industrialização bélica. Os militares preocupavam-se com os problemas econômicos e financeiros, além de técnicos, que a indústria da defesa teria que enfrentar em sua busca por maior autonomia e poder de negociação.

É quando entra em cena novamente o Conselho de Segurança Nacional (Secretaria Geral) para reformular a legislação específica e aprovar uma outra. Seu objetivo era reforçar o que já havia sido implantado, com vistas a dar o desejado salto para o mercado internacional. Isso provocou a seguinte mudança na legislação sobre material bélico:

a. redução de impostos e taxas;
b. incentivos equiparativos em relação a outros produtos para fomentar uma política nacional de exportação de equipamentos militares.

Segundo o Conselho de Desenvolvimento Industrial (Ministério da Indústria e do Comércio), que acabara de criar o Grupo Setorial 7 – dedicado à promoção e venda de produtos bélicos brasileiros no mercado exterior –, havia grande urgência de se criar uma legislação especial para a indústria militar. Devido a sua particularidade e num contexto de país recentemente industrializado, o armamentismo gera uma polarização no próprio desenvolvimento geral da indústria, criando uma espécie de separação entre o que é indústria civil, voltada para a produção de bens de consumo para a população, e o que é indústria bélica, exclusivamente voltada para a segurança e defesa do Estado. Mas argumentava-se que se isso certamente iria ocorrer, o que interessava eram o proveito e o aspecto positivo dessa indústria a respeito de seus dividendos tecnológicos. O país certamente ganharia com essa indústria, pelo seu dinamismo tecnológico, disseminando avanços incalculáveis para toda a sociedade.

Novas propostas foram então aprovadas, cobrindo basicamente quatro áreas:

a. redução do imposto sobre produtos industriais (IPI) e nova taxação sobre bens de importação;
b. rápida desvalorização do equipamento nacional;
c. crédito do IPI para equipamento nacional;
d. direito a financiamento preferencial pelos bancos governamentais.

Entre os militares, essa política traçada pelo Conselho de Segurança Nacional, que passou a ser conhecida como Programa Nacional de Exportação de Material de Emprego Militar (PNEMEM), não foi aceita tranqüilamente. Houve divergências na interpretação sobre qual seria a política mais eficiente para que a indústria militar se tornasse mais auto-suficiente e em que prazo isso poderia ocorrer, sem grandes custos. No Conselho dos Chefes do Estado-Maior das Forças Armadas (Concem), o debate foi intenso, não faltando posições duras de ambos os lados, para se saber, exatamente, o conteúdo da nova política e sua rigidez e tolerância quanto ao grau de nacionalização da indústria bélica.

Com a nova política, a questão de importar o menos possível passou a adquirir importância fundamental para a produção doméstica de armas. Dessa forma, a Imbel passou a adquirir direitos de patentes e sistemas tecnológicos (*software*) na tentativa de obter o máximo de participação de capital. A política de substituição de importações foi então reprogramada.

No início dos anos 70, houve uma primeira tentativa de substituição de importações no setor militar, quando as Forças Armadas – a Aeronáutica e o Exército – promoveram um programa de reprodução de equipamentos adquiridos nos Estados Unidos. Tentava-se fazer o que os japoneses conseguiram com sucesso em amplos setores industriais. Mas, ao que tudo indica, a experiência fracassou redondamente, e então se passou a pensar num novo programa de substituição de importações.

Foi então implementada uma nova política, na qual a indústria nacional e as multinacionais associadas deveriam levar em consideração toda a produção industrial civil localizada no país e disponível para um processo de conversão à indústria militar. Assim, deu-se início a toda uma programação objetivando reciclar o processo de industrialização com base no dinamismo irreversível da indústria bélica. Dessa forma, por exemplo, muitos produtos militares passaram a recorrer a um expediente técnico-industrial, ou seja, a reprodução auxiliar horizontal de linhas de montagem de produtos civis. Um exemplo:

> Na fabricação de um novo míssil terra-ar a produção passaria a contar com componentes de oito fornecedores, que são, em parte, fabricantes de produtos civis, e que serão adaptados à carcaça de um velho tanque.
> Somente uma indústria coordena todo o projeto, organiza a linha de montagem e assina as licenças de patente do veículo adaptado.

O uso intensivo de componentes industriais civis também é parte integrante da estratégia da nova política nacional de conquistar o mercado internacional a curto prazo.

A nova expansão e a consolidação da indústria e da economia da defesa que se dão nesse período, entre 67 e 75 – que corresponde também ao período do milagre econômico –, já abrem várias questões para a análise crítica da militarização da economia. Questões de ordem política, militar, tecnológica e diplomática. Foi nesse período que ocorreu o primeiro choque de interesses – o mais sério – entre Brasil e Estados Unidos, e exatamente relacionado com o desenvolvimento bélico brasileiro. Com a política de direitos humanos da Administração Carter, o Congresso americano impôs restrições à ajuda militar ao Brasil, por este estar violando tais direitos. Pelo Acordo Militar Brasil-Estados Unidos (segundo o que já dissemos anteriormente), todo ano o nosso país recebia uma quantia em milhões de dólares sob a forma de "ajuda militar". Agora o Congresso americano queria cortar essa ajuda pelo fato de que o Brasil estaria violando os direitos humanos básicos.

A reação do Brasil, como já é conhecida, foi no sentido de cancelar, unilateralmente, quatro acordos militares em andamento. Os Estados Unidos consideraram que tal atitude do Governo militar significava pôr fim à cooperação militar formal entre os dois países.

Em função do rompimento desse acordo, das restrições impostas às vendas de armas e aos créditos a regimes militares pela Administração americana na época de Carter, e pela nova legislação e programação de modernização do equipamento militar, abre-se o caminho para que o Brasil desenvolva ainda mais sua produção militar, dando novo impulso para a exportação.

Busca-se ampliar a militarização da economia, dentro do modelo brasileiro de crescimento e expansão desses anos. Agora, a solução, diz-se, é queimar etapas, não importando o seu custo, desde que se garanta ao país uma capacidade bélica industrial, a médio e curto prazos, tanto interna quanto internacional.

Entramos assim no terceiro e último período, que vai de 76/77 até agora. Para começar, divulga-se e noticia-se hoje que o Brasil é o maior exportador de armas do Terceiro Mundo. Aliás, segundo dados do bem-informado Instituto Internacional de Pesquisa da Paz, de

Estocolmo, Suécia – o SIPRI –, o Brasil, em 10 anos, saltou de quase zero em exportação para cerca de 1 bilhão de dólares em 1982. Isso significa que o Brasil deve estar entre os dez maiores exportadores de armas do mundo. Isso representa, na pior das hipóteses, no período, uns 5% da pauta de exportação do país. Hoje, pode-se dizer, esse percentual se eleva a uns 10%.

O parque industrial bélico está constituído, no momento, por 300 a 350 empresas, pequenas, médias e grandes, estatais, privadas, nacionais e internacionais. Isso, segundo cálculos que ainda não são precisos, gera empregos para cerca de 150 mil trabalhadores e técnicos, sem falar em empregos indiretos. Por se tratar de um setor sigiloso, guardado sob segredo e considerado de importância fundamental para a segurança nacional, a quantidade exata desses dados é muito relativa e discutível.

Segundo meus próprios cálculos, esse complexo hoje equivale a um negócio no valor de mais de 15 bilhões de dólares e, se isso corresponder a um número correto, poderá significar de 4 a 5% do Produto Nacional Bruto do Brasil.

Na lista da própria Imbel, o Brasil hoje exporta mais de 30 artigos para o exterior – América Latina, África, Ásia e até mesmo países europeus que fazem parte da OTAN (Organização do Tratado do Atlântico Norte). É uma longa lista:

> Material de farda, tendas, rádios, pneus, caminhões, jipes, blindados, freios, tubos de aço e alumínio, chapas de metal, metralhadoras e fuzis, granadas, bombas (explosivas, incendiárias, fragmentárias, etc.), instrumentos óticos, carros anfíbios, tanques, radares, explosivos, aviões de combates e de treinamento, foguetes e mísseis.

No momento, a grande indústria bélica brasileira, depois de modernizar o sistema produtivo, invadir o mercado civil e adquirir espaços tecnológicos consolidados na segunda fase, começa a desenvolver seus próprios projetos e exportar para aproximadamente 70 a 80 países de todas as partes do mundo, o que equivale a cerca de 30 a 40% do total da exportação de armamentos do mundo periférico. São sinais de que a militarização da economia brasileira vai de vento em popa, sem constrangimentos, sem obstáculos, mesmo econômicos, como os que a maioria da indústria civil enfrentou e ainda enfrenta por causa da recessão e dos problemas originados pela política econômica dos Governos militares.

Na área da política industrial, aprofunda-se a cooperação militar-civil do tipo empresarial. Várias empresas surgem não em função das regras do livre mercado, mas, bem planejadas, tendo em vista esse ou aquele interesse militar.

Na nova política industrial, as Forças Armadas decidiram também dar uma tônica mais empresarial do que propriamente burocratizante, como era a tendência anterior. Deixam por conta da iniciativa privada a produção de que necessitam para si ou para a exportação, embora ainda mantenham um bom pedaço do bolo armamentista. Vários arsenais e indústrias da Aeronáutica e do Exército ainda se encontram dominados pelas Forças Armadas, assim como a própria Imbel. Nesse caso, ela acabou, por ineficiência, mas também por decisão planejada, sob o controle da maior indústria privada do setor, a Engesa, cujo presidente é também presidente da Empresa de Material Bélico. Há, pois, uma cooperação e uma divisão de trabalho produtivo e comercial entre Estado e empresas privadas.

Também é novo o tipo de co-produção que vem sendo desenvolvido nos últimos anos entre a capacidade brasileira no setor e as multinacionais. Na área da cooperação militar internacional, há um maior aprofundamento nas associações da estrutura do parque nacional bélico, do Estado e das empresas privadas nacionais com as companhias transnacionais, governos estrangeiros e suas empresas estatais.

> As companhias alemãs estão mais voltadas para a produção de material militar terrestre e eletrônico. Depois do Acordo Nuclear Brasil-Alemanha, em 75, muitas indústrias alemãs se deslocaram para o Brasil para se instalarem na produção de tanques, produtos óticos e de precisão.
>
> A Itália e suas companhias estatais asseguraram certo controle em "pacotes" aeronáuticos. O grande empreendimento é o novo projeto da Embraer e das companhias Aeritalia e Aermacchi de produzir o avião de ataque aeroterrestre AMX.

A Bélgica permanece mais na área das indústrias tradicionais de munições e armas leves.
A França concentrou seus principais investimentos e projetos em helicópteros e, principalmente, no desenvolvimento aeroespacial.
A Inglaterra desenvolveu o projeto das fragatas com a Marinha, bem como outros empreendimentos navais bélicos.
Com os Estados Unidos, depois do rompimento do Acordo Militar, em 1977, houve um período de *suspense*, mas companhias privadas norte-americanas continuam a ter investimentos e projetos nas áreas da eletrônica e, especificamente, de segurança.

Dessa forma, essa profunda expansão da indústria militar chega a introduzir modificações na estrutura produtiva do país, com conseqüências que ainda não sabemos exatamente quais serão. De qualquer maneira, a preocupação das Forças Armadas, a partir de 77 e depois, com o episódio da Guerra das Malvinas, explica o tipo de funcionamento da economia militar e seu lugar no conjunto do setor industrial.

No caso da Guerra das Malvinas, as Forças Armadas brasileiras sentiram a vulnerabilidade dos países que não produzem seus próprios armamentos. A Guerra das Malvinas propiciou aos militares brasileiros um verdadeiro *lobby* para que a preocupação estratégica com a vulnerabilidade se transformasse em créditos e em corrida armamentista. Pois não são as encomendas das Forças Armadas brasileiras que garantem a auto-suficiência da economia militar. Essa sustentação é dada pela expansão do mercado externo para todas as latitudes, independente das colorações ideológicas e políticas dos regimes e governos.

Antes, porém, foi preciso consolidar aqui dentro certos elementos que poderiam dar sustentação ao salto exportador. Em primeiro lugar, concentrou-se ainda mais a tendência a conquistar um bloco militar-industrial dentro do setor industrial, cada vez mais sofisticado. Seguiu-se a isso uma concentração econômica regional, na qual o eixo São Paulo–Rio–Minas Gerais representaria o centro do complexo industrial-militar. Passou-se então à periferia, expandindo-se para o Sul e para o Nordeste: Paraná, Rio Grande do Sul, Bahia e Pernambuco, onde a presença militar já começou a penetrar e converter indústrias civis.

Seguindo o curso da década passada, a produção industrial brasileira chegou em 80 com uma boa dose de recessão, processo que se acelerou entre 81 e 84. Apesar da recessão, que alcançou setores de bens de capital, a indústria militar não deu sinal de crise. Pelo contrário, continuou a crescer. Nesse contexto, surgiram novas áreas periféricas industriais que foram sendo absorvidas pela mobilização industrial, em sua terceira fase.

Dezoito Federações de Indústrias de Estados brasileiros passaram a fazer parte do complexo industrial-militar. Com essa disseminação militar regional, os interesses e laços entre capital privado e setor estatal ficaram ainda mais estreitos.

De acordo com as próprias Federações de Indústrias e seus Departamentos de Mobilização, esses laços são justificados por características conjunturais e estruturais. As primeiras dizem respeito à crise brasileira e à recessão econômica. Para as segundas, estruturais, as razões são de natureza estritamente política. Isto é, o Brasil de fato optou pelo desenvolvimento completo da indústria da defesa e da economia militar, com sua correspondente expansão tecnológica. Renovam-se assim o parque industrial, os métodos empresariais e de gestão, e até mesmo o perfil da nossa mão-de-obra urbana.

A estratégia da nova política industrial civil-militar, estatal-privada é impulsionar até as últimas conseqüências essa poderosa economia, aplicando mais recursos, incentivando a conversão de indústrias de consumo civil para a produção militar e ampliando a integração das agências de pesquisa e desenvolvimento das Forças Armadas e outros centros, institutos e universidades. Cientistas e técnicos do complexo militar são figuras presentes em fábricas e empresas privadas.

Os centros e institutos de pesquisas tecnológicas desempenham um papel muito importante na expansão industrial-militar. Trabalham em íntima cooperação com empresas privadas, em projetos de modernização ou em novos produtos. É conhecida a cooperação entre a Marinha, empresas privadas e o Governo para o surgimento da informática nacional e sua aplicação para as fragatas e navios mais modernos.

Do ponto de vista estratégico do Conselho de Segurança Nacional, um dos resultados desse processo de ampliação do *mercado da segurança* é criar, no Brasil, uma infra-estrutura industrial-militar capaz de reciclar, em época de crise ou tensão internacional, de um momento para outro, sua linha de produção para responder a interesses estratégico-militares e de segurança. Comenta-se que, por esse plano, a conversão industrial alcançaria um índice de até 80% das empresas privadas, em caso de emergência ou agravamento de crise interna ou internacional. O fato pode parecer absurdo e até provocar risos. Mas a verdade é que se trata de um plano e de um programa para serem executados de acordo com perspectivas de interesse de um grande *lobby* que hoje atua até mesmo junto ao Congresso Nacional, sem falar de seus porta-vozes na imprensa do país.

Uma outra conseqüência desse plano de mobilização seria a intensificação da corrida armamentista no próprio Continente. Há, ao que tudo indica, uma política integrada no Hemisfério, implementada pelos estrategistas da OTAN, que visa a homogeneização da produção do material bélico nas regiões periféricas. Dessa forma, em perigo de confronto ou crise aguda mundial, a OTAN teria uma reserva do mercado da segurança à sua disposição, em termos tanto produtivos e tecnológicos como de força de trabalho. Essa hipótese também não é coisa de lunático, mas corresponde a orientações do complexo industrial-militar e institucional desse conglomerado que é a OTAN, da mesma forma que existem, do outro lado, no Pacto de Varsóvia, planos semelhantes para seus aliados.

Concretamente, a potencialidade da indústria bélica encontra um caminho aberto através da já conquistada capacidade da indústria civil. Calcula-se que a indústria civil forneça cerca de 12 mil produtos e componentes para uso das Forças Armadas brasileiras e para o comércio exterior. Ademais, enfatiza-se a rede de interesses econômico-financeiros de bancos privados e estatais, comerciais e de desenvolvimento regional no complexo da pesquisa tecnológica militar.

Assim, no Brasil, que desponta como um novo país industrializado, o que marca a sua dinâmica e a sua extensão parece ser, cada vez mais, fruto do complexo industrial-militar, interligado por objetivos comuns e por um mercado comum, interno e externo. Dado que esse supermercado continua em expansão e apresenta enormes lucros, esse setor de vanguarda da economia brasileira estimula, por sua vez, o desenvolvimento da eletrônica e da atividade aeroespacial, bem como dos enclaves da pesquisa e desenvolvimento nuclear.

O interessante é observar que a política externa de nosso país também passa a ser "guiada" pela *diplomacia para resultados* — leia-se, para resultados que ampliem o nosso mercado de segurança e militar no exterior. Acontece que, depois de muitos anos em que o mercado internacional de armas esteve completamente nas mãos dos Estados Unidos, da União Soviética e de seis ou pouco mais países europeus, agora surge uma nova tendência. E é exatamente a entrada de novos produtores e exportadores, como o Brasil, que marca a nova fase do mercado internacional de armamentos. Tais mudanças começam a indicar impactos nos anos 80 e no início da década de 90 sobre o mundo político-militar. O Brasil, classificado entre os maiores no *ranking* mundial dos exportadores de armas, começa a utilizar esse seu mercado como importante instrumento de política externa. Primeiro, porque garante um prestígio internacional, além de ser tomado como orgulho nacional entre nós mesmos. Segundo, porque estimula novas alianças políticas e econômicas. Nesse sentido, busca-se acelerar a produção e a co-produção (antes vinda de fora, agora dirigida para fora), com novos contratos entre empresas nacionais, privadas e públicas, e acordos bilaterais entre governos, elevando as exportações. Projetam-se, o que é a mais nova modalidade, *joint-ventures* com parceiros supra-regionais, como foi o acordo de transferência de toda uma fábrica de material bélico para a Arábia Saudita, região estrategicamente quente e de grandes conflitos, com repercussão internacional. Ou se opta por novos acordos de cunho empresarial, como o que foi recentemente assinado com os Estados Unidos e outros países europeus (Itália, França e Inglaterra, sem falar da Alemanha, no caso do acordo nuclear-militar).

Em terceiro lugar, sabe-se que a exportação de produtos da indústria bélica provoca uma dependência especial do comprador ou cliente em relação ao que fornece o equipamento e seus serviços adicionais. Esse processo está previsto no Programa Nacional de Exportação de Material de Emprego Militar, cujo principal executor tem sido até agora a Secretaria Geral do Conselho de Segurança Nacional. Aí não entram o Congresso, os Ministérios civis, menos ainda qualquer organismo civil da sociedade. É coisa restrita dos militares e da segurança nacional. O processo é mais ou menos simples. O comprador chega ao Brasil, visita fábricas, é recebido por empresários, militares e diplomatas e entra com um pedido na Cacex, que é a Carteira de Comércio Exterior do Banco do Brasil. Por sua vez, a Cacex consulta a Secretaria Geral do CSN, que despacha um documento de avaliação. Daí pode sair o documento ou licença de exportação da firma brasileira para o país comprador. Assim, a exportação do material bélico, segundo as normas vigentes, parece ser o meio pelo qual a segurança nacional também penetra no comércio exterior, militarizando-o. E na medida em que um país como o nosso depende muito da exportação e da balança comercial, pode-se imaginar o peso que vai ter o comércio exterior de armas.

Há ainda um projeto para transformar o comércio exterior de armas em monopólio estatal, como se fez, no plano interno, com a Imbel. Seria a Codece (Companhia de Comércio Exterior), que até agora não chegou aos olhos e ouvidos do público, embora possa ter sido sancionada por algum decreto secreto. Essa companhia, segundo consta, teria como objetivo expandir ainda mais o comércio internacional de armas do Brasil. Além do mais, como prática comercial internacional, "conversaria" o cliente para comprar outros produtos, favorecendo a participação de empresas brasileiras que teriam condições de alcançar o comércio internacional. O que é importante sublinhar é o alcance desse mercado de segurança brasileiro no exterior, criando suas próprias regras, defendendo seus próprios interesses, relativamente independente e muito mais autônomo do que a própria economia brasileira, considerada como uma das dez maiores do mundo. A diplomacia brasileira, permitindo esse caminho, estará seguramente militarizada, pela penetração do mercado da segurança no comércio exterior. Onde vamos parar assim? Com isso,

Cacex quer alterar comissão sobre a exportação de arma

A legislação brasileira de comércio exterior admite o pagamento de comissões de até 30% — quando se tratar de exportação de material bélico — e deverá ser atualizada. Uma das hipóteses em exame inclui a proibição de pagamento de comissão no exterior pelas empresas estatais.

Essas informações foram confirmadas na Carteira de Comércio Exterior do Banco do Brasil (Cacex), que baixa os comunicados e circulares regulamentando tais operações. Estão em vigor o Comunicado nº 54, de 2 de agosto de 1983, que no item 10 trata da "comissão de agente"; e a Circular nº 602, de 29 de março de 1983, que especifica as condições de pagamento no exterior.

"A comissão deve ser calculada sobre o valor FOB da transação, conforme a praxe comercial. Eventuais pedidos de pagamento de comissão sobre outros valores que não o FOB, possíveis ante a inexistência de legislação internacional específica, devem ser submetidas à Sede (Departamento do produto), com cópia dos documentos apresentados pelo exportador. As comissões pagáveis no exterior poderão ser descontadas nas faturas de exportação e deduzidas na respectiva guia de exportação ou declaração de exportação" — diz a Circular Cacex nº 602.

A Carteira de Comércio Exterior do Banco do Brasil pede às suas agências "redobrado rigor" na análise de exportação de produtos manufaturados em que a "comissão de agente for superior a 10%". Mas admite "remessas de comissões", por conta de "assistência técnica", "publicidade", e "despesas de vendas" de até 30%, quando se tratar de exportação de"veículos, aparelhos e equipamentos bélicos".

Ao estabelecer as regras de pagamento de comissão para os produtos manufaturados, a Cacex especifica o seguinte: "a comissão de agente de vendas não excederá os níveis praticados no mercado internacional e deverá ser congruente com os percentuais praticados na importação brasileira".

Jornal do Brasil, 03/08/1984

Waldir: indústria bélica pode liderar exportações

Da sucursal do RIO

O ministro-chefe do Estado-Maior das Forças Armadas, (EMFA), brigadeiro Waldir Vasconcelos, admitiu que a indústria militar brasileira poderá liderar a pauta de exportações do País, nos próximos anos. A previsão do chefe do EMFA é a primeira de uma autoridade militar sobre o crescimento da indústria de material de emprego de Forças Armadas, e foi feita durante entrevista exclusiva ao **Estado**, no clube da Aeronáutica, no Rio.

"A indústria militar brasileira está conquistando cada vez mais clientes entre os países menos desenvolvidos, que não têm condições de produzir aqueles materiais de emprego militar com uma certa sofisticação" — acrescentou o ministro. Ela já atingiu, praticamente, o terceiro lugar da pauta, com a venda para o Exterior de vários ítens de emprego militar.

Waldir Vascondelos disse que a indústria militar pode atingir o primeiro lugar da pauta de exportações do País, "e, se chegar, muito bem, é melhor ainda, porque o Brasil tem de comercializar, de exportar tudo o que puder".

"A Embraer está aí, está aí a Engesa, a Avibrás, para citar apenas estas, e não minimizar o papel relevante das demais empresas do setor, pois todas estão trabalhando mais, pesquisando e acrescentando outros armamentos na sua linha de produção, o que eleva a perpectiva das exportações do material bélico, naval e aeronáutico" — observa o brigadeiro.

O chefe do EMFA garantiu que, atualmente, o Brasil já tem condições de concorrer com outros países nas exportações de armamentos até mesmo com certa sofisticação, ainda que não do mesmo grau daqueles produzidos pelas grandes potências.

Enfatizou que o Brasil "tem condições de disputar o mercado internacional de armamentos, aqueles menos sofisticados, e a sua capacidade industrial deverá crescer nos próximos anos".

"Certamente, o problema da falta de verbas para as Forças Armadas preocupa, porque nós gostaríamos de ter muito mais do que temos. Mas compreendemos, como toda a sociedade brasileira, o momento difícil em que se encontra o País, e no qual não cabem exigências exageradas, porque a situação econômico-financeira do País não permite" — continuou o ministro.

O brigadeiro ressaltou que as Forças Armadas têm, entretanto, consciência de uma realidade: "A nossa indústria de material bélico está altamente desenvolvida, e produzindo materiais de alta sofisticação. Esse material já produzido pela indústria do País estará à disposição, também, das Forças Armadas Brasileiras, no momento em que estas instituições precisarem, e com a garantia do fornecimento e com o preço em cruzeiro, não em dólar".

O Estado de São Paulo, 25/09/1983

direta ou indiretamente, a própria diplomacia brasileira estaria incentivando a fogueira armamentista em regiões para onde a exportação de armas do Brasil corre solta. Isso, em princípio, contraria a posição de nossa política externa frente às questões de conflitos. Segundo a nossa diplomacia, há uma defesa intransigente da resolução negociada de conflitos, como sugere, por exemplo, a atuação do Grupo de Contadora no conflito da América Central, exatamente para onde o Brasil já exportou suas armas. Da mesma forma, esse desempenho transgride as normas e programas de exportação de armamentos que impedem as vendas para zonas de guerra. E o Brasil, nos últimos anos, vem acrescentando às suas exportações grandes quantidades de armas para o Iraque (em conflito com o Irã) e para Honduras (em conflito com a Nicarágua). E não adiantam argumentos no sentido de que as exportações de armamentos podem ser uma saída para reduzir o endividamento externo ou o impacto de problemas internos, como o do desemprego. São argumentos falsos que não indicam uma solução para os problemas econômicos e sociais que o país vem enfrentando ano após ano.

Dessa forma, o Brasil não só militariza sua economia, industrializando-se mais com o poder de fogo de suas armas, como também militariza suas relações externas. A política do comércio de armas funciona como um eficiente instrumento para a venda de outros produtos brasileiros, sob a forma de pacotes de bens e serviços. E nisso se vão reciclando fábricas e mais fábricas. Por exemplo, a Vigorelli, antiga fabricante de máquinas de costura, passou a produzir metralhadoras. Um outro exemplo é o do grande estaleiro Ishibrás. Para enfrentar a crise que afeta o setor da construção naval – veja-se o que ocorreu em 85, no final do último Governo militar, com a Sunamam – (com capacidade ociosa de quase 50%), a Ishibrás vai produzir armamentos leves, caminhões "fora-de-estrada", tanques leves e motores.

Vale tudo nesse negócio. Quebrar resistências, apelar para o orgulho nacional, utilizar-se de todos os mecanismos para bater os concorrentes, "até mesmo encomendar mais armas do que ele tem capacidade de produzir". Até a invasão de terrenos em pequenos municípios, com pressão para a legalização da situação, já foi usada. No caso, a grande fábrica Avibrás, a maior do país na produção de mísseis e foguetes, pretendeu instalar uma de suas novas fábricas numa área de mais de mil alqueires a poucos quilômetros da rodovia Rio–Santos. A escolha do Município de Ubatuba, no litoral de São Paulo, deu-se em razão de sua capacidade de oferecer uma área suficientemente grande para a implantação de paióis (armazéns de explosivos sólidos) em local distante de zonas densamente povoadas. A justificativa da Avibrás era de que, com a instalação da nova fábrica, Ubatuba teria grandes benefícios fiscais, uma vez que, pelo faturamento esperado, a nova fábrica geraria anualmente de 2 a 3 bilhões de cruzeiros de ICM (Imposto sobre Circulação de Mercadorias), revertendo para os cofres da Prefeitura grande parte desse montante.

No entanto, a reação da população do Município de Ubatuba foi muito forte. Criou-se o Movimento de Defesa de Ubatuba para coordenar a campanha contra a instalação da Avibrás, promovendo abaixo-assinados, manifestações de protesto e pressões junto à Câmara e à Prefeitura Municipais. Enquanto isso, a Prefeitura e seus funcionários guardavam segredo sobre o projeto e diziam não saber de nada. As reações contrárias foram se avolumando. Depois de vários requerimentos de vereadores, pedindo informações sobre a legalidade da instalação da fábrica na área do Parque Estadual da Serra do Mar, burlando a lei de zoneamento da cidade, paralisou-se a construção da fábrica. Segundo comentários dos supervisores que estavam instalando a fábrica de mísseis, a Avibrás só iria montar um depósito de motores de foguetes, além de ser um setor de montagem de cargas úteis para bombardeamento de nuvens, numa área de 600 alqueires por ela adquirida.

De forma alguma essa informação tranqüilizou a população. Num instante, a cidade foi invadida por panfletos em defesa da instalação da fábrica com mísseis, com o prefeito apoiando o projeto. Segundo seu raciocínio, com a instalação da fábrica a Prefeitura não precisaria mais mendigar verbas, pois a nova planta lhe proporcionaria uma boa arrecadação de ICM. Vale comentar que tal justificativa é mais uma dessas falácias, pois fábricas como essa da Avibrás, e praticamente todas as outras destinadas à produção de material militar instaladas nos últimos anos no Brasil, são isentas do pagamento de impostos (IPI, ICM e até mesmo Imposto de Renda). Isso equivale a

Mísseis em lugar de gado

Da sucursal de
BRASÍLIA

O campo de instrução de Formosa, em Goiás, além de servir para o treinamento de tropas do Exército, passará a ser utilizado como campo de provas para lançamento de foguetes e mísseis da Avibrás e realização de tiro real com canhões **Boffors**, de 115 milímetros, "mediante convênio e sob inteiro controle do Comando Militar do Planalto e 11ª Região Militar, segundo informou a seção de comunicação social do CMP, em nota distribuída ontem, na qual admite o cancelamento das permissões de uso das pastagens daquela área por criadores de gado.

A nota foi emitida pelo CMP a propósito de denúncias feitas por criadores de gado contra a presença de caçadores no campo. Esclareceu o CMP que "é impossível permitir, no momento, a presença de rebanhos no interior do campo de instrução de Formosa, sob pena de sacrificá-lo em suas finalidades militares, o que jamais poderá ser permitido pelo CMP".

A partir do dia 2 de abril, a presença não autorizada de qualquer estranho no interior daquele setor, que corresponde a um quinto da área total do Distrito Federal, "caracterizará a invasão de área militar, sujeito o invasor às penalidades legais" — acentua a nota do CMP, acrescentando que o cancelamento das permissões aos criadores de gado "nada tem a ver com a atividade de caça no interior do CIF, exposta à imprensa de forma distorcida".

Fontes do CMP explicaram que o referido prazo não será observado de forma inflexível para os criadores que comprovarem junto ao órgão suas dificuldades em retirar seus rebanhos até o próximo dia 2.

O Estado de São Paulo, 26/03/1984

dizer que não irão propiciar nenhuma arrecadação e, portanto, não proporcionarão qualquer benefício a prefeitura alguma. Pois se é verdade, como afirmam os defensores da indústria militar, que sua produção é para a exportação (90%) e se, por essa exportação, as empresas recebem incentivos fiscais, então onde estaria a tal geração de ICM para um município como Ubatuba? Ou, principalmente, para o novo centro industrial-militar do país, São José dos Campos?

Pesquisa e desenvolvimento militar

Se fôssemos tomar a distribuição da pesquisa e desenvolvimento no mundo de hoje, ficaríamos sabendo que a maioria dos gastos com produção e aplicação do saber científico e tecnológico gira, direta ou indiretamente, em torno das atividades militares. Assim, em termos mundiais, o orçamento da pesquisa e desenvolvimento militar absorve mais de 70 bilhões de dólares anualmente, e cerca de 1/3 dos recursos mundiais para a ciência e tecnologia destina-se à produção de armamentos. Também cerca de 20% da mão-de-obra qualificada estão empregados na produção militar, percentual que chega a 40% quando se refere ao quadro técnico e científico mais avançado.

Isso equivale a dizer que os governos têm se voltado para o esforço da confrontação, desenvolvendo, cada vez mais, vastos recursos para as estruturas de pesquisas tecnológicas militares. Um gigantesco investimento anual na pesquisa de novas armas redunda em um avanço tecnológico sem contrapartida no setor civil. Temos, assim, o caminho aberto para acelerar o ritmo dos gastos militares (de que falaremos adiante), independentemente de ameaças existentes para qualquer país. Assim, a pesquisa e desenvolvimento militar é a máquina de movimentos consecutivos por excelência. A contribuição da pesquisa tecnológica militar, em confronto com os problemas mais desafiadores e positivos do setor civil, é de pequeno vulto, desprezível mesmo, quando não negativa. O fato é que hoje, diante da desenfreada corrida armamentista, a sua parte de pesquisa independe de controle econômico, político e social, aumentando as forças militaristas na sociedade e condenando-nos à insegurança devido ao potencial destrutivo e ao desperdício de recursos escassos.

No Brasil, o relacionamento entre a produção industrial militar e a sua pesquisa tomou um rumo agressivo e paralelo. Um não poderia sobreviver sem a expansão do outro. Já existiam no Brasil alguns centros de produção tecnológica, como o Centro Técnico Aeroespacial (CTA), o Instituto Militar de Engenharia, do Exército, e outros mais. Agora, esses centros e outros incorporados da universidade brasileira passaram a adotar um planejamento e uma política de integração com a indústria bélica.

A autonomia em tecnologia, que sempre foi uma aspiração nacional, não seguiu essa orientação e foi relegada a um segundo plano. O modelo adotado pelos militares exigiu que, além da expansão industrial forçada, também houvesse uma concentração no esforço por uma tecnologia avançada para aplicação na indústria de defesa. Nesse sentido, foi colocada à disposição da política tecnológica a diplomacia de cunho empresarial, para facilitar a aquisição de novas fontes de pesquisa e desenvolvimento (P&D).

Uma suposta tecnologia nacional – militar, informática e nuclear – assumiu uma visão irreal para poder barganhar junto às fontes externas de tecnologia e capital, necessários para a implantação, aqui, de um patamar modernizador e elitista. Os termos das trocas existentes e a absorção de taxas de nacionalização – alcançada em alguns setores – são ainda insuficientes para que se obtenha uma tecnologia mais avançada e autônoma. Pois essa política de modernização forçada e baseada em métodos tradicionais não tinha como objetivo senão esse modelo que conhecemos.

O que deveríamos fazer, nessa área fundamental, seria adotar outra postura, alternativa. Com criatividade cultural e decisão política, podemos ter uma política de distribuir os recursos segundo normas que atendam à viabilidade social, e não à elitização de uma sofisticada tecnologia, sem quaisquer considerações para com a sociedade e a economia brasileiras.

Na visão militar da tecnologia, as decisões e a distribuição de fundos e recursos para implantar aqui um sistema de ciência e tecnologia foram orientadas de acordo com as prioridades consideradas mais relevantes para o desenvolvimento do país. Isso suscitou a instalação de programas, sempre de última hora, utilizando alternativas tecnológicas com fins puramente econômicos e rentáveis, a curto e médio prazos. Esse elitismo tecnológico militarizante não passou das boas intenções modernizadoras e causou, em grande medida, o empobrecimento cultural de nossa sociedade.

No primeiro plano, o Governo e o setor empresarial, ligado às atividades de pesquisa e desenvolvimento, buscaram gerar uma capacidade tecnológica para fornecer quadros técnicos e linhas de pesquisas que atendessem, em último caso, às necessidades do desenvolvimento industrial-militar do país. O programa de Pesquisa e Desenvolvimento promoveu, nos últimos anos, em conjunto com centros, institutos, universidades e empresas, de natureza civil e militar, um sistema nacional para a criação de uma infra-estrutura tecnológica militar.

Ao sistema foi atribuída a capacidade de gerar constantes recursos financeiros, tecnológicos e humanos para programas classificados como prioritários. Nesse quadro, os militares representaram um papel privilegiado, do ponto de vista desses recursos. Cada área recebe sua parte específica. Mas há também um *lobby* unificado no Alto Comando do Estado-Maior das Forças Armadas, em termos das dotações para a pesquisa tecnológica. O EMFA tem a Subchefia de Assuntos Tecnológicos (Subtec), que participa do Conselho Científico e Tecnológico. O próprio Exército tem na sua estrutura um Departamento de Ensino e Pesquisas que controla o principal instituto de tecnologia, o Instituto Militar de Engenharia (IME). O Instituto de Pesquisas e Desenvolvimento (IPD) e o Centro de Testes de Mísseis em Marambaia são outros dois centros de pesquisa tecnológica militar do Exército. Na Aeronáutica, existe o Departamento de P&D (Deped), responsável por todo o complexo de pesquisa tecnológica do Centro Técnico Aeroespacial (CTA), composto por seis centros de produção e desenvolvimento de pesquisas. Na Marinha, a política tecnológica é orientada pelo Estado-Maior da Armada, além da Diretoria de Armamento Naval, a Diretoria de Comunicação Eletrônica Naval e o Instituto de Pesquisas da Marinha.

Nos últimos anos, a pesquisa e desenvolvimento militar passou a ser um fator indispensável para o prosseguimento da indústria bélica, no sentido de capacitar a concepção, projeção, produção e até mesmo um certo nível de exportação de serviços tecnológicos militares. Para tanto, a indústria militar deu amplo apoio à criação de uma nova política industrial, moderna e diversificada, tanto no setor público militar como no setor privado. Com isso poderia esse sistema ter o apoio mais efetivo de uma rede integrada envolvendo os recursos humanos, a pesquisa e desenvolvimento e a produção industrial. Esse sistema passou a ter, com a criação da Imbel, maior correção em termos de programas e projetos específicos de cada área das três armas e dos setores privados militares.

Indiretamente, esse sistema de pesquisa e desenvolvimento também envolve as responsabilidades de centenas de grandes, médias e pequenas empresas, nacionais e estrangeiras. Aqui entram novamente os Departamentos de Mobilização Industrial das Federações das Indústrias, que promovem uma política de desenvolvimento técnico através do apoio e sugestões de instituições governamentais, como a Finep, o CNPq e outros. Nesse sentido, os Departamentos de Mobilização Industrial entendem o seu papel como uma missão – o desenvolvimento de uma estratégia nacional em conjunto com as Forças Armadas –, concebida em termos de segurança nacional!!!

Nos últimos dez anos, em que se intensificaram as múltiplas atividades da tecnologia militar, a Finep (Financiadora de Estudos e Projetos), parte do Fundo Nacional de Desenvolvimento Científico e Tecnológico, forneceu financiamentos para atividades militares de pesquisa da Aeronáutica, Exército e Marinha, nos seguintes programas:

> Exploração de recursos marítimos supervisionada pela Marinha; fontes alternativas de energia e transporte, de interesse da Aeronáutica e da Marinha; tecnologia industrial e informação; recursos humanos e *know-how* tecnológico para as três armas.

Os recursos para a Marinha, num total de 20 projetos, foram para o desenvolvimento de plataformas navais, telecontrole, computador para operações de vasos navais e dois projetos especiais, Cabo Frio e Baronesa. Para o Exército, houve um total de dez projetos, envolvendo desde tecnologia de mísseis, estudos químicos de óleo e construção de um Centro de Ciência de Materiais, até mísseis teleguiados, sistema Roland, veículos, tecnologia para computadores e química. A Força Aérea recebeu recursos para 17 projetos: desenvolvimento de mísseis, plataforma para lançamento de mísseis na Base da Barreira do Inferno (RN), motores aeronáuticos, computadores, etc. Há um projeto especial, interrompido durante certo tempo, mas já em fase de produção pela Avibrás, que envolve o desenvolvimento do míssil *Piranha.* O bolo dos recursos para a P&D é dividido entre órgãos especiais do Governo, participando diretamente três setores:

a) atividades espaciais, coordenadas pela Comissão de Atividades Espaciais (Conae) e supervisionadas pela Política Nacional de Atividades Espaciais;

b) recursos marítimos, seguindo orientação da política proposta pela Comissão Interministerial de Recursos Marítimos; e

c) atividades de informática, sob a supervisão da Secretaria Especial de Informática (SEI).

Em todas as áreas, a Finep participa de comissões especiais, particularmente na última, relacionada com o desenvolvimento da informática no setor militar, quer para a P&D na Marinha, quer para as atividades da Aeronáutica, especialmente na área do programa aeroespacial.

Um conglomerado de empresas privadas, sob a supervisão da Imbel, num total de 19 companhias, privadas e estatais, também apóia a P&D militar, através do Programa de Apoio ao Desenvolvimento Tecnológico da Empresa Nacional e do Programa de Apoio à Agência Nacional de Consultoria, ambos incluídos no Programa de Apoio ao Desenvolvimento Científico e Tecnológico, projeto bilionário que conta com o suporte, inclusive, do Banco Mundial. Como exemplo, poderíamos citar setores de P&D de foguetes e mísseis que serão produzidos pela Avibrás; setores de siderurgia, placas de forja e reatores nucleares a serem desenvolvidos pela Eletrometal; setores de comando de foguetes e telemetria vinculados à futura produção da Tecnasa; desenvolvimento de satélites de comunicações pela Telebrás e desenvolvimento aeronáutico pela Embraer.

Nos últimos três anos, houve uma expansão muito grande nos investimentos para a pesquisa e desenvolvimento de novos produtos bélicos no Brasil, envolvendo o Centro Técnico Aeroespacial (CTA), a Engesa (Engenheiros Especializados, fabricante de blindados), a Engetrônica, a Avibrás e a Embraer. As pesquisas visam atender às necessidades das Forças Armadas com o objetivo de desenvolver produtos bélicos com aceitação no mercado internacional.

Atualmente, somente nesses centros há mais de 2.500 cientistas e neles foram investidos acima de 15 milhões de dólares nos últimos dois anos. Basta verificar que o Programa de Apoio ao Desenvolvimento Científico e Tecnológico (PADCT) deverá gastar, em cinco anos, um total de 350 milhões de dólares nas áreas de geociências e tecnologia mineral, química e engenharia química, biotecnologia, tecnologia industrial básica, gestão em ciência e tecnologia. Os obje-

Guerra eletrônica, o novo centro do Exército

Da sucursal de
BRASÍLIA

O Exército brasileiro terá, dentro de pouco tempo, condições de neutralizar qualquer míssil guiado por ondas de radar, captar e interferir em transmissões codificadas em freqüência de longo alcance e empregar sofisticados aparelhos eletrônicos em sua doutrina de defesa, graças ao Centro de Instrução de Guerra Eletrônica, criado ontem por decreto do presidente João Figueiredo.

O Cige, que terá sede nesta Capital, ficará subordinado ao Estado-Maior do Exército e constituirá, segundo fontes militares, importante inovação na doutrina de defesa territorial. A idéia de criação do novo órgão surgiu no próprio Estado-Maior do Exército, como lição apreendida pelos militares brasileiros do conflito entre a Grã-Bretanha e a Argentina nas ilhas Falkland, quando os ingleses empregaram a guerra eletrônica em larga escala, dominando facilmente os canais de comunicação entre as tropas argentinas.

Segundo o decreto do presidente Figueiredo, o ministro do Exército, general Walter Pires, baixará oportunamente os atos complementares para a sua execução, ficando as despesas decorrentes da organização do Cige por conta das dotações orçamentárias a serem destinadas ao Ministério do Exército, no próximo ano.

O Estado de São Paulo, 21/03/1984

tivos e o alcance do Programa já em si são discutíveis, pois, além dos 15 milhões diretamente distribuídos para a P&D especificamente militar, muitas outras áreas do Programa encobrem atividades de pesquisa e desenvolvimento tecnológico de caráter militar. Daí podermos calcular a percentagem que caberá à P&D militar em todo esse programa, sem falarmos em outros investimentos que vêm dos orçamentos da União e de empresas privadas, como é o caso da Engesa, que também investe milhões de dólares em pesquisas de tanques e blindados novos.

Aí temos, pois, o sistema nacional de P&D formando parte de uma estratégia para fortalecer o poderio bélico, tal como formulado pela doutrina da Segurança Nacional e pelos planos de mobilização industrial do país. Esse esforço representa cerca de 15% do total de recursos do Sistema Nacional de Desenvolvimento Científico e Tecnológico. Militares alegam que esses recursos são ainda minguados e há grande dependência de tecnologia importada. Isso só será resolvido com maiores recursos e maiores investimentos na pesquisa militar. Uma coisa é certa: o país precisa mesmo de soberania e autonomia, tanto na pesquisa e desenvolvimento quanto na democracia. E, na questão da pesquisa, precisamos, sim, ter uma visão mais ampla, em termos não só de retornos e benefícios internos, mas também de sua implicação internacional. Que benefícios a sociedade brasileira recebeu da aplicação de vultosos investimentos na pesquisa e desenvolvimento tecnológico de produtos militares? Mais segurança, mais bem-estar, geração de novos empregos civis? Para uma sociedade e para um povo que desejam ter seu destino voltado para a conquista do saber – técnico, científico, como também artístico e cultural –, o importante é ter resultados concretos para a sua segurança coletiva e a de seu patrimônio ecológico, social e cultural.

A pesquisa é tão ou mais importante que o tamanho do território e/ou o número de seus habitantes, como estratégia de autonomia e independência. A cada maior investimento em P&D militar, sem a contrapartida de benefícios concretos para a sociedade, parciais ou globais, o que teremos na verdade é um desenvolvimento predatório contínuo de seus recursos. Pelo que se constata, o desenvolvimento da pesquisa militar no Brasil, nos 20 últimos anos, foi mais um desenvolvimento para si próprio do que voltado para beneficiar parcelas ou o conjunto da sociedade brasileira. Pesquisou-se, desenvolveu-se a produção militar dentro de salas fechadas para si mesmas e não com vistas às necessidades da sociedade ou como instrumento nacional de desenvolvimento mais independente e autônomo. Para tanto, o Brasil terá de reorganizar e reorientar todo o programa científico e tecnológico desenvolvido nesses 20 anos e adotar uma política tecnológica civil. Assim, o que tivemos foi um perfil militarizado da pesquisa e desenvolvimento. Isso implicou uma distorção das funções do desenvolvimento tecnológico do país e até mesmo do sentido de defesa das Forças Armadas. A força e o discernimento de uma sociedade estão justamente no controle que ela tem sobre a pesquisa e desenvolvimento. Se ela está orientada para a militarização tecnológica, centrada em si mesma, sem efeitos para o desenvolvimento de áreas básicas da sociedade, então não houve a *democratização tecnológica* que muitos apregoam. A sociedade brasileira pouco ou nada obteve, em termos de benefícios sociais, desse impacto militar na tecnologia.

Mais recursos para os militares

No mundo, de Leste a Oeste e de Norte a Sul, os gastos militares quadruplicaram-se nos últimos 20 anos. Seus principais animadores foram as superpotências e, um pouco atrás, os países europeus. Não há sinais de que haverá mudanças radicais. No entanto, com todas as crises que temos assistido desde a década de 70, esse mercado, inicialmente muito fechado, passou a sofrer um certo abalo e uma quantidade relativamente grande de novos países entra em cena. Países como o Brasil também iniciaram um processo de crescimento, tendo como fonte de expansão os gastos militares, oriundos quer dos orçamentos públicos ou de fontes externas que são geralmente, debitadas na conta da dívida externa.

Algumas causas para essa expansão, essa corrida militar aos cofres públicos com vistas a financiar tanto a vida da corporação, como a criação e desenvolvimento da indústria da defesa, poderiam ser citadas:

- As exigências criadas pela obsessão com a segurança nacional, criando a psicologia de que há uma necessidade imperiosa de manter a nação em "paz" e, portanto, bem "protegida" contra inimigos internos e externos e, por conseguinte, de recursos para uma maior e mais bem preparada defesa.
- A própria natureza da corrida armamentista, que a partir do final da Guerra do Vietnã criou outro dinamismo, passando a ser dominada por complexos burocráticos de Estados nacionais e empresas transnacionais, fortemente subsidiados.

• As novas características tecnológicas dos modernos sistemas de armamentos; o aumento dos custos das novas gerações de armamentos, tanto nos países desenvolvidos quanto nos novos países produtores de armamentos intermediários.
• O aumento dos conflitos regionais, com o estabelecimento, pelas superpotências, do que se conhece como o "condomínio da paz armada" – a maioria dos conflitos armados ocorridos desde 1945 teve lugar nas regiões periféricas do globo (95%).
• Além de outras causas: crescimento do número de Estados nacionais, fortalecendo as estruturas de defesa, e crescimento das indústrias militares em vários países, com maiores gastos militares.

Como regra geral, utilizam-se os seguintes critérios para traçar o perfil de gastos na área militar: os gastos com pessoal, gastos para a aquisição de material, gastos com serviços administrativos e outros gastos, como transferências, subsídios, segurança e transações financeiras. No caso do Brasil, 70% do orçamento militar são gastos com pessoal, 20%, com aquisição de materiais, 7%, com serviços e 3%, com "outros". Portanto, segundo parece, o Brasil teria uma das maiores proporções de gastos com pessoal.

No entanto, isso representa uma dificuldade de análise, pois o que de fato constitui ou não despesas militares, diretas ou indiretas? Que faz aumentar os gastos militares? Por exemplo, telecomunicações, equipamentos eletrônicos, veículos adaptados, etc., geralmente têm uso militar, mas não são classificados como gastos militares diretos. De acordo com as fontes oficiais, as Forças Armadas brasileiras são as menos onerosas dos países da América do Sul. Conta-se para isso o tamanho do país, sua população e a extensão de nossa fronteira. Tais fontes afirmam que os gastos militares representam pouco mais de 1% do nosso Produto Nacional Bruto (PNB), e que, desse total, 15% vão para "atividades complementares", isto é, as atividades "sociais" das Forças Armadas, como construção de estradas e represas, incluindo-se aí a pesquisa e desenvolvimento.

Já uma fonte do SIPRI (Instituto Internacional de Pesquisas da Paz de Estocolmo) diz que os gastos militares do Brasil representaram, até 1973, cerca de 2,3% do seu PNB e que, a partir de 1981, esse número descresceu para 0,6%. Outra fonte consultada, o Centro de Informação Econômica e Social da Universidade de Lima (Peru), diz que o Brasil está próximo da média de gastos militares na América do Sul, ou seja, 2,26% do PNB.

> Fonte militar atribui ao Brasil, em 1981, um gasto militar de cerca de 5% do PNB, segundo a *Folha de São Paulo*, de 16/06/1983.

O importante é que o Brasil, no período militar, gastou mais com armamentos do que qualquer outro país da América Latina, uma vez que 40% do total de compras de armamentos pelos países latino-americanos couberam ao Brasil. Esses gastos foram ainda mais concentrados no período do "milagre econômico", em que também se consolidou a indústria militar brasileira. Com a crise, a partir de 1979-1980, os gastos diminuem, embora, com o acúmulo realizado no período anterior, tal decréscimo não esclareça se o Brasil deixou de ser o país que mais gasta com armas em todo o Continente.

Outro dado mostra que, enquanto o Produto Interno Bruto (PIB) cresceu, entre 1980 e 1983, aproximadamente 0,2% ao ano, os gastos militares aumentaram 11% nos últimos três anos. E foi exatamente nesse período que a dívida externa brasileira cresceu muito, chegando aos 100 bilhões de dólares, sem que tenha havido qualquer sinal de corte nos gastos militares. Entre 1983 e 1984, os gastos militares subiram 24%.

Uma das principais causas desse crescimento foi, sem dúvida nenhuma, o fantasma da Guerra das Malvinas, que reacendeu o caldeirão armamentista na América Latina como um todo. Os militares, a partir do final da Guerra das Malvinas, passaram a reivindicar maiores fundos, maiores créditos, mais programas de modernização das frotas e das aeronaves, fabricação de novos tanques, mais recursos para a P&D militar, etc. Não há dúvida também de que, com a abertura política, os militares estão segurando sua posição, no sentido de manterem seus recursos, quer para aumentar a tropa, passando de 270 mil para 290 a 300 mil homens e mulheres fardados, como para assegurar a continuidade dos programas de reequipamento militar.

Um outro problema é que as estatísticas, os números, são geralmente camufladas pelos militares e, assim, a opinião pública não fica sabendo exatamente quanto gastamos, que parte desses gastos é para pessoal, para equipamentos, se alguma parte é reinvestida, o que sai para exportação, o que é incluído como importação de componentes, serviços, etc.

A própria Cacex (Carteira de Comércio Exterior do Banco do Brasil), responsável pelas estatísticas de comércio exterior, nunca menciona com exatidão os números e os itens relativos à exportação de armas brasileiras. Por exemplo, veículos blindados e tanques são relacionados como tratores ou caminhões, dependendo de serem tanques de esteiras ou sobre rodas. Quando se trata de armamento leve, eles passam a ser considerados como máquinas e equipamentos. Esse sigilo confunde a opinião pública, esconde a verdade, em nome da segurança nacional ou de interesses de compradores que não desejam revelar o valor dos negócios militares, que chegam aos bilhões de dólares .

Em primeiro lugar, não importa tanto o valor dos gastos, mas sim que importância têm eles para o desenvolvimento do país, seu peso relativo, ou sua relação com os gastos sociais em educação, saúde, saneamento, habitação, para que daí se possa fazer uma comparação.

Existe uma subestimação dos gastos militares no Brasil. Não restam dúvidas de que cada setor das Forças Armadas usa muitos expedientes para aumentar a sua participação no orçamento federal, elevando suas aquisições através de mecanismos extra-orçamentários, sem controle do Legislativo. Outro mecanismo muito usado é repassar parte dos lucros das exportações das armas para pagar novas aquisições de armamentos ou componentes e serviços, sem que haja qualquer controle por parte de órgãos públicos, como o Tribunal de Contaş ou mesmo o Senado e a Câmara Federal. Outro expediente que foi generalizado nos últimos anos de Governos militares: os créditos extraordinários, suplementares e especiais, distribuídos generosamente para o Exército, a Aeronáutica e a Marinha durante todo o ano, fora da previsão orçamentária original e sob o sigilo dos decretos secretos presidenciais.

Em 1978, as Forças Armadas receberam 64 milhões de dólares como créditos especiais. (*Jornal do Brasil*, 22/09/79.)

Em 1980, o total de créditos especiais foi de 92 milhões de dólares, dos quais 23 milhões foram para a compra de novos armamentos. (*O Estado de São Paulo*, 15/08/1980.)

Em 1983 foram concedidos créditos especiais no valor de 140 bilhões de cruzeiros para despesas militares. (*Jornal do Brasil*, 08/01/1984.)

Em 1984, o Exército ainda conseguiu créditos suplementares no valor de 72 bilhões de cruzeiros. (*Jornal do Brasil*, 25/11/1984.)

É o que aparece publicado pela imprensa. Deve haver muito mais créditos especiais por aí, além do fato de várias empresas militares serem detentoras de facilidades, buscando dólares no exterior para seus empreendimentos, investimentos, etc., os quais são, posteriormente, lançados na conta de nosso endividamento externo.

O fato importante é que o uso intensivo e predatório de recursos monetários e humanos, de matérias-primas, de P&D para as atividades bélicas tem que obedecer a critérios públicos muito bem explicados e aparentes. Não se pode cair na ilusão de que, do ponto de vista econômico, há um "saldo" para o Brasil, já que o país gasta pouco em relação a outros. O que importa ver é o que ele gasta em relação aos nossos outros gastos e a qualidade de vida que, nessa relação, existe no país em termos de serviços públicos, escolarização, etc. Os gastos militares, em países em que há baixos gastos sociais, como é o caso brasileiro – deficitário em desempenho social –, acabam pondo em risco as condições e a própria segurança da população e do país. O raciocínio oficial de que, em função da segurança nacional, o país deve investir e gastar mais nos assuntos e atividades militares não é somente falso, mas irresponsável. A condição básica para um país sentir-se seguro e forte é que seus gastos reflitam um planejamento e um projeto que dêem garantia social e cultural para a população. E isso verdadeiramente não foi realizado no Brasil nesses anos de autoritarismo.

Devemos estar preocupados e muito, mesmo se os gastos militares no Brasil são classificados de baixos, quer em relação ao nosso Produto Nacional ou quanto aos recursos globais do orçamento. Em primeiro lugar, o nosso Produto Nacional é gigantesco, um dos dez maiores do mundo, e, portanto, o que se diz ser pouco gasto, em termos absolutos, é gigantesco. Em segundo lugar, há uma relação íntima entre o que se gasta militarmente e em segurança (principalmente na segurança pública, voltada para os interesses do Estado e não da sociedade) e o aumento dos instrumentos de violência. A sociedade acaba internalizando que os recursos dotados para a segurança nacional voltam-se contra ela. Se há mais aquisições de armas, se há mais gastos para a fabricação de novos armamentos, isso não tranqüiliza o país, pois quanto mais armas existem no mercado, maiores são as chances de sua proliferação e sua "integração" no ambiente urbano. E no Brasil, o ambiente urbano está altamente poluído de instrumentos oriundos desse mercado da segurança e da violência.

IV. A Militarização do Cotidiano

Se a militarização ocorreu na política e na economia, que teria acontecido com nossos hábitos e modos de vida e com as regras sociais no Brasil? Que reflexos acabaram se impondo na sociedade, na conduta social cotidiana? E quais foram os maiores beneficiários? Sem dúvida, em uma conjuntura de empobrecimento, de falta de justiça, onde a lei é a lei do mais violento, do que sabe melhor burlar as regras de uma sociedade desorganizada, os beneficiários, livres e prósperos, são os que possuem o domínio da força. Se o mercado da segurança passou a ser um retrato do Brasil no sentido de uma economia voltada para a produção, venda e exportação de produtos bélicos, cá embaixo, na sociedade, o comércio da segurança alastrou-se com facilidades, incentivos e impunidade. Passamos a ter que cultuar uma maneira e um costume militarizados em nossa vida cotidiana. E em um contexto de criminalidade, falta de regras sociais de convivência, abuso e corrupção de poder, a segurança pública passou a ser sinônimo de ardilosa militarização de nossa cultura: do modo de vida, dos costumes e até mesmo da moda. E com a sofisticação dos instrumentos, com o refinamento tecnológico que foi surgindo ao longo da modernização militar da sociedade, tornou-se ainda mais difícil o cumprimento das regras do convívio, e quase tudo, senão tudo, ficou submetido a exigências e preceitos que se tornaram hostis à consciência civil e individual. Passamos a ser um tanto de número, outro tanto de abstrações, como garantia de maior índice de crescimento e de riqueza, dentro de um código em que cultura e sociedade eram sinônimos de inimigos.

Esse tema da militarização de vida cotidiana brasileira já começa a despertar análises e estudos, comentários até mesmo de poetas e ficcionistas, tal a sua gravidade. Aqui, porém, iremos abordar o assunto seguindo o nosso percurso da militarização. No entanto, essa militarização ultrapassa a simples contagem do número das armas, do contingente de tropas, polícias civis e militares, etc. Temos agora, diante de nós, um ritual, um padrão de exploração do medo, uma sedução pelo consumo dos meios da violência. Passamos, rapidamente, a ser partes de uma intricada rede de produção, comercialização e distribuição de um outro tipo de contabilidade sinistra, paralela à militarização convencional.

O que vemos, então, ao nosso redor? Verdadeiras redes que se entrelaçam e se entrecruzam paralelamente aos poderes legais. Trata-se da rede da segurança privada, dessa cara mercantil do fenômeno da violência instituída brutalmente no país pela sua militarização e empobrecimento. Típico exemplo de uma reprodução ampla e penetrante de um mercado altamente rentável e capaz de multiplicar-se pela insegurança social criada em razão do temor e agressividade das pessoas.

Além dos anos de militarização da política e da administração pública, além da expansão gigantesca da economia militarizada, consolidou-se um corpo estranho, especializado no controle social, com a militarização do tempo e do espaço da vida cotidiana brasileira.

A partir do início da década de 80, subindo a temperatura da violência urbana, as soluções que as autoridades apresentavam pareciam favorecer muito mais a disseminação e a intensificação dos meios da violência do que a sua diminuição e extinção. Arquitetou-se um programa comercial propagado pelos meios de comunicação, pela imprensa e por órgãos que deveriam incumbir-se de levar a justiça às ruas, aos ambientes sociais públicos. Acabaram promovendo um estilo de vida, uma forma de viver que estava fundamentando um mercado de produtos de segurança. A razão mais forte vinha dos altos escalões, militares, burocráticos e até mesmo diplomáticos, dizendo: "Temos que difundir, propagar e vender mais produtos bélicos para ajudar a pagar a dívida externa, propiciar mais empregos e estabilizar a paz social."

Com essa política, a sociedade passou a ser o alvo, a mira de um grande negócio e da oferta de serviços movidos a bala. E esse mercado elevou-se à categoria de "emergência", de símbolo da recuperação da cidadania, constituindo-se em uma razão do Estado: passou-se a defender um tipo de cultura do conforto, falseando as razões das injustiças e da falta de lei decorrentes das políticas sociais aplicadas pelos governantes.

Não há engano. Não estamos aqui defendendo qualquer interpretação para promover um ambiente de violência, como contrapartida a uma falta de justiça e de políticas econômicas geradoras de bem-estar social. Não, não estamos promovendo qualquer sinal de apoio à permanência do banditismo ou de formas de fazer justiça pelas próprias mãos, ou do linchamento público ou privado. Não se trata disso. Contudo, não se pode dizer que o que vemos hoje na sociedade brasileira, essa abominável guerra civil, surda e desigual, um conflito social gerado pelas manifestações do arbítrio e do autoritarismo, teve origem fora de contexto, caiu do céu. Não. O que se passou entre nós, e continua se passando, pode ser entendido pelo que ocorreu depois daquela fase "mágica", dos "milagres", que se procurou divulgar ao país inteiro. Diziam e repetiam que, depois de o bolo econômico crescer, haveria a repartição para todos. E se promoveu o crescimento da população, encheu-se o país de gente miserável, sem que se criassem as mínimas condições para que essa gente usufruísse dos bens que se estavam produzindo e exportando. O milagre ocorreu sem que o povo tivesse dele usufruído.

Nesse Brasil do milagre, haveria pois que pensar na existência de um crime do poder do Estado que foi cometido pelos governos em nome do milagre econômico e da segurança nacional. Esse crime institucional e do poder permaneceu impune. E como não diminuíram a criminalidade e a pobreza, passou-se a dar impulso e a facilitar a abertura de outro mercado, fomentado pelo comércio da violência. Fomos assim assistindo à criação de um outro estado armado, no cotidiano, de grande poder de mobilização, insinuante e arrogante. Abriram-se assim as portas para a barbárie.

Ao contrário de se combater esse ou aquele desvio, esse ou aquele abuso, cometido por uma camada da população marginalizada e desprovida de mínimos recursos materiais e legais, o que aconteceu? Os governos não foram buscar as medidas e mecanismos legais que eles mesmos passaram o tempo todo ofendendo e descumprindo. Foram, sim, empregar um outro tipo de medidas, uma espécie de política de exclusão e separação, em um ambiente de degeneração social em que não havia mais qualquer garantia do cumprimento da lei ou da manutenção da integridade social. Assim, as forças da segurança pública tornaram-se os instrumentos de um combate social, em que a maioria da população mais pobre era considerada predisposta preferencial para a criminalidade. A apologia da força, da coerção e do desabrigo da lei passou a ser um padrão de conduta estimulado pela ilegitimidade das autoridades do país. Uma transformação foi sendo operada nos hábitos e a população passou a ser uma categoria mercantil, um valor de mercado nesse comércio da violência. Baniu-se do código da conduta brasileira o sentido ético e civil, militarizando-se os comportamentos e o consumo.

> A Divisão de Armas da Secretaria de Segurança do Estado do Rio tem registradas 1 milhão de armas em nome de 300 mil civis que não exercem função policial. O comércio clandestino é porém muito maior e não há controle sobre ele. (*Jornal do Brasil,* 30/10/1983.)
>
> Cinco milhões de armas estão registradas na divisão de Artigos Controlados, 3,5 milhões das quais só na Capital, São Paulo. Apenas 30% têm porte legal. (*O Globo,* 20/11/1983.)

Se disséssemos que a defesa e a segurança eram orientadas pelo critério utilitário de dar a um maior número de pessoas bens e materiais para satisfazer suas necessidades e garantir sua segurança, até aí tudo bem. Acontece que o critério da segurança nacional, da justiça, do cumprimento da lei foi alterado pelos militares, pois suas políticas tinham uma direção e um alcance limitados, beneficiando uma pequena minoria. Com o rompimento do sufoco que o país passou depois da ilusão do milagre, o que ocorreu? O país começou a perseguir uma rota que o levou à beira do caos, no início assustando a alguns, depois a todos. E a maioria do país passou a desacreditar na lei, na justiça e no Judiciário. E a resposta, ao contrário de se consubstanciar em uma profunda reforma, veio

Brasil: 478 mil armas por ano

Brasília — A indústria nacional produz, em média e anualmente, 477 mil 960 armas e 72 milhões 700 mil munições, assim discriminadas: revólveres e pistolas — 250 mil 180, das quais 153 mil destinadas ao mercado interno; 155 mil 380 espingardas e carabinas, sendo 108 mil 630 para o mercado interno; 72 mil 400 espingardas de pressão, todas para o mercado nacional e 54 milhões de cartuchos apenas para as armas de defesa.

A informação consta de documento elaborado pelo Centro de Comunicação Social do Exército, com base em dados fornecidos pela Diretoria de Fiscalização de Produtos Controlados pela Força Terrestre. No estudo intitulado **Comércio de armas e munições** assegura ser "falho apensar-se que há conotação direta entre a venda de armas e o número de assaltos de que se tem conhecimento no dia-a-dia." Ele defende que o controle do comércio de armas e munições não seja "excessivo e inadequado" sob o risco de se concorrer para o crescimento do mercado paralelo.

"Apenas instrumento"

Esse comércio clandestino de armas nacionais, segundo o documento vem "de assaltos a casas de armas e munições, ou dadas como extraviadas pelas empresas transportadoras, quando transferidas entre a indústria e as casas do comércio, ou ainda, o que é mais comum, "nos assaltos às pessoas".

Nesse complexo estudo o Exército defende sua comercialização dentro das normas em vigor, ou seja, a aquisição para cada cidadão de, no máximo, 2 armas de porte (revólver ou pistola), 2 armas longas (carabinas) e 2 longas lisas (espingardas). E afirma: "Não restam dúvidas, a arma é apenas o instrumento do crime e, este, conseqüência da onda de violência que assola o mundo no século 20, cuja extensão é universal e as causas são outras".

A existência de produtos controlados de uso permitido — aqueles que são vendidos nas prateleiras de lojas de armas e munições — e os de uso proibido — os de emprego militar ou privativos das forças armadas e policiais — são, segundo o Exército, fatores decisivos no "controle absoluto do comércio paralelo, extravio ou venda indevida de armas".

Ao assegurar isso, o Centro de Comunicação Social recorda que as normas de controle expedidas pelo Exército, em 1980, limitam a compra de munições e permitem a aquisição de seis armas para cada brasileiro em idade e condições para tal: "Foi permitida a aquisição de 2 armas de porte ou defesa tendo em vista tornar possível a um cidadão ter ao alcance uma arma, quer em seu domicílio quer no local de trabalho, sem necessitar, portanto, de portá-la na rua em seu deslocamento de casa para o trabalho e vice-versa."

De acordo com o documento, o registro de arma exigido pelas normas do Ministério do Exército visa à restrição do comércio paralelo de armas, e informa: "Existem no Brasil 1 mil 400 firmas de armas e munições e 4 mil 27 municípios, o que permite deduzir-se que, em cerca de 2 mil 627 municípios brasileiros não existam lojas autorizadas a vender armas, munições e pólvora de caça. Essa significativa quantidade de municípios brasileiros sem lojas de armas constitui fator de incremento do comércio clandestino de armas. E não se iluda ninguém a esse respeito, pensando que nesses 2 mil 627 municípios, alguns populosos, ninguém necessite de arma de defesa ou já não a tenha adquirido no citado comério paralelo."

Jornal do Brasil, 03/09/1984

com mais estímulos à violência e à propagação de seus instrumentos.

As funções policiais passaram por uma profunda militarização: Extinguiu-se a Guarda Civil, desde 1969, e com isso a Polícia Militar passou a ter o monopólio da violência urbana, com a visão de que a questão da segurança pública diz respeito somente à criminalidade, mas não a valores e normas sociais e políticos. As PMs passaram a assumir atividades extrapoliciais, sem que contivessem a violência. E com a impunidade de que o poder militar desfrutava, isso chegou às raias do absurdo. O militarismo agravava a situação dessa impunidade. Não se dotava a justiça de mecanismos efetivos para a sua pronta atuação e davam-se mais e mais recursos materiais para o combate social urbano. Até mesmo programas e projetos para a "Segurança Pública" foram distribuídos, através de Fundos para o Desenvolvimento de Regiões Metropolitanas, para a melhoria de instalações, o reaparelhamento de serviços, a construção, ampliação, reforma e instalação de estabelecimentos policiais e militares, a aquisição de equipamentos para a Polícia Militar, além de serviços especiais e de segurança. Durante anos, esses fundos, de forma estranha e inexplicável, eram repassados através de serviços do Desenvolvimento de Regiões Metropolitanas!

Belicizou-se o processo de diferenciação social e econômica, com reflexos altamente negativos na conduta das pessoas. E a distinção entre criminoso e cidadão começou a desaparecer para os olhos das Polícias. Passaram, no conceito da segurança nacional militar, a ser considerados, todos, inimigos. Todo cidadão passou a ser considerado suspeito e todo suspeito, criminoso e inimigo. A população deixou de ser uma entidade de sujeitos que delegava seu poder ao Estado e este, no âmbito do conflito e do descontrole social motivados por vários fatores, atuava através da Polícia. Desapareceu a condição de cidadania para dar lugar, abertamente, à explosão da violência, com uma única figura, a do criminoso, a do "elemento". Pior ainda quando se tratava de pessoas pobres, pretas e malvestidas. Aí o inimigo era considerado um criminoso altamente perigoso e devia ser simplesmente tratado a bala. E, apesar disso tudo, a Polícia não parecia dar conta do recado.

Os que podiam pagar contratavam polícias privadas, protetores e justiceiros pessoais. O negócio então era aumentar ainda mais a segurança, o policiamento, as guardas particulares, disseminando os instrumentos da violência. Maiores investimentos na segurança de um determinado estilo de conforto e bem-estar, liberando assim o comércio e a diversificação dos instrumentos, criando um verdadeiro arsenal civil. A mesma potencialidade que existe no comércio de exportação de armamentos passou a existir para o comércio interno. Surgiram assim, e cresceram rapidamente, agências de segurança, lojas e magazines que comercializam e legalizam portes, licenças e vendas de armas, serviços de consultoria, associações e sindicatos, dispositivos e sistemas de segurança para condomínios, bancos, indústrias, hotéis, clubes, etc. Isso passou a ter uma contabilidade que configura um dispêndio social gasto pela sociedade nessa guerra do cotidiano. Assim, no item "segurança pessoal", as classes médias altas de São Paulo, Rio e outras grandes capitais passaram de um gasto quase zero para 15% de sua renda familiar anual. O porte ilegal de armas, considerado apenas contravenção e não crime, deu ao Estado um tributo, o tributo da segurança, cobrado do cidadão que quer ter a sua arma pessoal. Até mesmo em joalherias apareceu o sintoma de forma clara: pistolas automáticas vendidas como "jóias de defesa", ostentando na mira um diamante, personalizando e destacando a arma como objeto de arte joalheira.

> *Pró-defesa pessoal*
> A Sharp está enviando ao pessoal da imprensa um brinde de final de ano com um detalhe curioso que é, na verdade, um sinal dos tempos. São pastas de executivos, com um *design* moderno – e com a inclusão de um item peculiar, no seu interior. Nada mais, nada menos, do que um coldre para revólver. Não deixa de ser interessante, também, o toque discriminatório: as pastas femininas, de cores diferentes, não têm lugar para arma. . . (*Folha de São Paulo*, 10/01/1985).

Multiplicam-se agora dois novos tipos de proteção. Um, a das lojas e *boutiques* implantadas em bairros elegantes de São Paulo e futuramente em outras capitais para vender produtos militares destinados à legítima defesa. Um segundo tipo são as empresas que se dedicam ao controle do movimento de bens e patrimônio.

Os bons negócios

Quanto ao primeiro, essas lojas e *boutiques* nasceram devido ao crescimento da onda de assaltos e crimes. Um bom negócio para tempos difíceis, elas prosperaram e se multiplicaram comercializando o mercado da segurança através das

> . . .armas leves, guarda-chuvas-espadas, canetas-estiletes, minicassetes com descarga de 4 mil volts, coletes à prova de bala, sirenes, portões eletrônicos, cercas elétricas, travas, tubos de *spray* com gases paralisantes, livros de fundo falso para guardar valores, detector de carta-bomba, portas blindadas, cabinas à prova de assaltos, bolsas com correntes elétricas, fechadùras com alarmes, óculos com retrovisores, vídeo-câmaras, gravadores, microprocessadores, esguichos com líquidos venenosos, alarmes com células fotoelétricas. . .

As pessoas passam a ser mobilizadas por esse comércio, criando assim um circuito contínuo da rede armada. A resposta a tal onda, que se dispõe a proteger determinadas classes e prevenir danos contra o patrimônio, vai impondo o seu próprio estilo, cercando as pessoas e grupos sociais, fazendo até mesmo que se constitua no espaço urbano uma estética aprisionante, uma *estética da segurança*, reflexo de um imenso estado de sítio social.

> A insegurança diante da violência urbana, encarada a princípio com passividade pelo cidadão, hoje dispõe de soluções práticas que permitem ao homem conter ou diminuir os riscos de agressão à sua integridade física e patrimonial. (Presidente da ISS – Sistemas Internacionais de Segurança, entrevista a *Veja*, 03/11/1982.)

De pequenos dispositivos a sistemas de segurança para bancos e residências, esse negócio luxuoso e lucrativo – hoje quase tão sofisticado e rico como os jogos e computadores eletrônicos – vai invadindo cidades e bairros. Constituem-se conglomerados, respondendo a uma procura por parte das classes média e alta. Se a crise move as pessoas em busca de segurança, esse militarismo avulso vai formando hábitos e criando mercados e consumos que deverão ultrapassar conjunturas, alastrando-se pelas grandes cidades. Um negócio de muitos bilhões de cruzeiros por ano cria, por sua vez, outro circuito que se vai sofisticando no curso da violência. Constroem-se muradas, cercas, grades, de alumínio e de ferro, de arames com lanças multiformes, pega-ladrões, cães de guarda, contratam-se serviços de escritórios especializados, arquitetos, decoradores e divulgadores. São serviços que crescem e se multiplicam, com novas lojas e *boutiques*, em um círculo vicioso sem controle. E em um mercado que aumenta de acordo com o "clima psicológico" das pessoas – a chamada "sensação de insegurança" –, o cenário amplia-se por todos os lados e as lojas de departamentos, no Rio, São Paulo e outras capitais, criam setores especializados para a sua comercialização.

O segundo tipo de proteção surgiu ainda nos anos 60. Foram criadas empresas de vigilância e segurança para bens patrimoniais e na época, como eram comuns os assaltos a bancos, elas logo se espalharam. Aproveitando o clima, foram criadas sob a direção de militares da reserva e policiais reformados. Inicialmente, eram fiscalizadas – embora sem serem regulamentadas – pelas Secretarias de Segurança estaduais. Somente em 1983 é que passaram à responsabilidade do Ministério da Justiça, a partir de uma orientação do Conselho de Segurança Nacional. E com isso também se complicou o sistema de fiscalização dessas empresas de segurança privada.

O importante, porém, é que elas apareceram, cresceram e hoje invadem o cenário de qualquer cidade brasileira, pequena, média ou grande. Sua ação é praticamente sem controle, muitas delas atuando clandestinamente, sem obedecer a critérios de seleção e formação de seus "agentes". Dizem que são capazes de cobrir quase tudo na área da segurança privada: vigilância a bancos, transportes de valores, segurança de bens e pessoas e até mesmo investigações (sob a responsabilidade exclusiva da polícia civil). E cumprem outras tarefas não-especificadas, como o acompanhamento de frotas de caminhões, trens de cargas, etc.

Inicialmente, a obtenção de licença para abrir uma empresa dessas era reservada somente a brasileiros. Hoje, esse setor também está aberto às multinacionais, passando a segurança a ser oferecida também em inglês ou francês. Empresas, companhias, agências, firmas de consultoria, escritórios, essas organizações formam, nos dias atuais – e com o aumento da criminalidade urbana –, outro exército, paralelo, de segurança e vigilância. E estão espalhadas por todo o país.

> Marcelo Baptista de Oliveira, 35 anos, presidente da Associação Brasileira de Empresas de Vigilância e Segurança (Abrevis), acredita que já existam no Brasil cerca de quatrocentas empresas reunindo perto de duzentos mil homens. (*Folha de São Paulo,* 09/12/1984.)

Em São Paulo, há mais de 60 mil nesse exército privado, maior que o contingente da PM do Estado, com 47 empresas registradas e 40 outras clandestinas. No Rio de Janeiro, 28 empresas empregam cerca de 35 mil vigilantes, número superior ao da PM do Estado. O modelo que elas seguem é importado dos Estados Unidos. Lá existem, para cada policial três vigilantes privados. Já se fala que o cidadão, para se sentir protegido, tem que pagar por mais essa segurança, justificando-se que a "vida não pode ser comparada ao tributo recolhido". Há aliados nas próprias Secretarias de Segurança, diante do imobilismo e da precariedade das polícias civis e militares: dizem que a segurança pública ficaria em péssima situação se tais empresas privadas fossem fechadas.

Em geral, são firmas que começaram como empresas de limpeza e consultoria de administração, passando depois para a lucrativa área da segurança privada. E na medida em que crescem, conquistando novas clientelas, aumentam o seu faturamento. Calcula-se que já chega a 60 ou 70 bilhões de cruzeiros mensais o bolo dessas empresas. O que vale dizer que os salários dos seus quadros, técnicos e de vigilantes, são muito maiores do que os pagos pelas polícias civil e militar.

Também já formam seus interesses corporativos e têm suas próprias associações: Associação Brasileira de Transporte de Valores, Associação Brasileira de Vigilantes, Associação Profissional de Empregados em Empresas de Segurança e Vigilância (com milhares de associados) e Associação Brasileira de Empresas de Vigilância e Segurança. E há muito mais efetivos, à paisana ou fardados, sempre armados, que vigiam hotéis, condomínios, zonas elegantes de São Paulo, Rio, Brasília, Belo Horizonte, etc. Não se conhece o número de vigilantes particulares que bancos, empresas comerciais, industriais e de serviços contratam para a proteção de seus bens patrimoniais. Há bancos privados que têm seu próprio corpo de vigilantes, e alguns contratos obrigam os próprios clientes a armarem e municiarem os seus protetores.

Com promoção e divulgação intensas, o comércio da vigilância e da proteção privada assume hoje no Brasil a liderança da psicose coletiva. Daí a grande preocupação que se deve ter em relação à sua presença. O medo, o terror e a insegurança são grandes, não há dúvida. Mas a mercadoria que oferece essa rede de empresas da segurança privada é de fácil aceitação e, com isso, a possibilidade de abuso é muito grande, a ponto de essas organizações acharem que podem muito bem assumir o papel da própria Polícia. Ora, se já temos uma Polícia – aliás, duas, a militar e a civil, que não são, depois de todo esse período militarista, exemplos de eficiência e comportamento –, imaginem o que vai ocorrer com a expansão desse exército privado e paralelo assumindo funções policiais. Por sinal, essas empresas já começam a reivindicar a prisão de assaltantes e bandidos, considerando que são condutores do flagrante à autoridade policial. Como também pretendem, considerando ser direito seu, identificar, em locais de trabalho, pessoas suspeitas.

Há ainda um subproduto da presença desse exército privado: o surgimento das cabines de segurança oferecidas à comunidade pela PM. Hoje, insegura e temerosa, uma parcela da população do Rio de Janeiro paga duplamente para ter a sua segurança pública, transformada em segurança semiprivada. A Polícia oferece os guardas e a população, geralmente nos bairros da Zona Sul do Rio, se protege com cabines instaladas nas calçadas, próximo a edifícios, *boutiques* e supermercados. Sem dúvida que a criminalidade caiu, depois que tais cabines foram instaladas nesses bairros, mas o que importa é a sua função quase que privativa. Das 72 cabines instaladas, a maioria serve praticamente a circuitos semiprivados de bairros e ruas, às vezes a moradores de um único edifício.

Importa ainda mais observar que, mesmo que se verifique uma diminuição da criminalidade e do nível de violência atual, ou mesmo que haja uma queda na procura de bens privados de segurança, pela crise ou por alguma outra razão, esse comércio não pára de crescer. E suas relações com outros negócios são grandes, ramificando-se pelo mercado de serviços, imobiliário, financeiro, etc. Trata-se da última extensão do mercado da segurança invadindo o cotidiano, impondo seus interesses, fazendo e ajudando a perpetuar o estado de insegurança e intolerância social. Com uma população cercada, sitiada, amedrontada, a rede privada do mercado da segurança promove a corrupção de valores civis e degrada as condições já tão difíceis da população brasileira.

V. Desmilitarizando o País. . .

Não restam dúvidas sobre a extensão da militarização provocada em nosso país pela ascensão das Forças Armadas ao poder, em 1964. Anos de ocupação política, de intenso uso de recursos econômicos e tecnológicos, e de aviltamento da vida social e cultural deixaram uma profunda marca. E isso não será facilmente removido, de um dia para o outro. O processo de desmilitarização da sociedade brasileira levará algum tempo, até mesmo uma geração, e dependerá essencialmente do poder que a sociedade civil venha a ter à sua disposição.

Recentemente, como registro, inúmeras reportagens publicadas pela imprensa brasileira dão conta de que, com a Nova República, ainda existem ocupando cargos na administração direta do Governo (federal e estaduais) entre 10 mil e 14 mil oficiais, principalmente da reserva. Lotados em praticamente todos os órgãos da administração direta e indireta e em empresas sob o regime da Consolidação das Leis do Trabalho, os militares, inicialmente destinados a suprir "necessidades técnicas", acabaram transformando-se em uma filosofia de governo e de poder político. Além do mais, o militarismo brasileiro passou a considerar certos postos da administração pública como de exclusiva competência de oficiais das Forças Armadas. E não há razões minimamente convincentes para que, por exemplo, questões de telecomunicações ou de energia devam ser da competência exclusiva de militares. E há centenas de postos e cargos de natureza civil ocupados por generais, coronéis e outros oficiais das três armas.

Desvirtuando toda uma política de proventos de cargos e beneficiando-se de uma omissão na legislação brasileira – que não comenta sobre o acúmulo de salários provenientes do Tesouro Nacional, em se tratando de servidores militares –, funcionários militares chegaram a acumular até quatro diferentes proventos, todos pagos pelo mesmo cofre da União e, portanto, pelo contribuinte. Assim, não se pode esperar que o novo Governo civil, que acaba de se instalar em Brasília, dê respaldo institucional para que oficiais militares, da reserva ou não, que não são "técnicos", mas soldados, ocupem altos cargos no serviço público civil e em esferas de menor responsabilidade.

O fato é que, a qualquer tentativa de mudar o panorama político-institucional do país, nós esbarramos na ameaça de uma nova intervenção militar, como também esbarramos em *realidades* criadas ao longo do período autoritário. Hoje, o Estado brasileiro está caracterizado por uma mistura civil-militar que poderá perdurar por um período muito longo. Somente isso já justificaria uma reforma militar no âmbito do Estado, dentro de uma programação viável à alternativa democrática. Caso isso não ocorra, as bases do sistema político brasileiro continuarão minadas, sempre na expectativa de uma nova intervenção das Forças Armadas.

Até agora, nada nos revela que esteja havendo uma efetiva retirada dos militares da administração pública e do Governo, com um retorno aos quartéis. E se quisermos realmente frear futuras intervenções militares no poder, o que o país precisa fazer é ampliar os espaços democráticos para uma maior participação do povo nas esferas do Governo. Se há realmente "realidades estruturais" e se elas devem ser levadas em conta no processo de desmilitarização, há que se proceder a uma redefinição do papel das Forças Armadas, eliminando a atuação política direta dos militares.

Isso equivale a assumir com toda a clareza e iniciativa uma nova concepção e organização da defesa brasileira. Há muitas idéias que estão surgindo no debate sobre o papel das Forças Armadas em uma sociedade democrática. Em primeiro lugar, torna-se urgente, para todos os fins, que valores democráticos sejam introduzidos nas Forças Armadas. E que elas tomem a sério tais valores, para que correntes da direita golpista ou da esquerda totalitária também evitem envolver grupos de militares ou a própria instituição das Forças Armadas em aventuras militaristas. Em segundo lugar, é preciso que as Forças Armadas deixem de ser orientadas pelas doutrinas e programações oriundas dos velhos esquemas da Escola Superior de Guerra (Segurança & Desenvolvimento), como também de uma ordem conspiratória interna, no âmbito do Serviço Nacional de Informações. Só assim as Forças Armadas e o próprio aparelho de informação nacional deixariam de se constituir em poder paralelo, acima do âmbito do Executivo e dos próprios comandos das três armas.

Em terceiro lugar, é preciso que as Forças Armadas tenham uma missão estratégica mais real, deixando para trás concepções que promoveram a sua intervenção, voltadas que estavam para a guerra revolucionária interna. Agora, com a tentativa de consolidarmos a democracia no país, as Forças Armadas deveriam assumir também um papel de defesa e de promoção da democracia, da paz e do desenvolvimento. Ao contrário da ênfase na segurança, a ênfase na paz; e também tornar-se uma agência de mudanças para ajudar o país a ser uma nação desenvolvida e civilizada. Nesse sentido, as "atividades complementares" existentes nas Forças Armadas deveriam ser atividades centrais, sob uma orientação social de prestação de serviços em áreas em que a marginalidade econômica e social tem feito estragos em nosso povo.

De nada nos adianta manter uma capacidade bélica tal como a de hoje, com uma economia da defesa muito desenvolvida, de ponta, liderando até mesmo a nossa atividade industrial. De nada nos adianta ter uma capacidade operacional bélica e exportar armamentos para assegurar a viabilidade da nação. Esta somente será viável e forte se a sua população estiver bem alimentada, com uma economia voltada para o atendimento das necessidades sociais básicas. E nesse sentido a economia militar não nos ajuda em nada.

O que ocorreu com a militarização da economia é algo com que o país deve se preocupar, passando seu controle ao Congresso Nacional. Com uma economia militar autônoma em relação a instituições como o Congresso e a própria sociedade, o militarismo continuará crescendo, impondo-nos sacrifícios e grandes desequilíbrios. Até mesmo princípios defendidos pela diplomacia brasileira, como o desarmamento, a não-intervenção e a igualdade no sistema econômico internacional, serão ineficientes com o fortalecimento de uma ordem internacional baseada na segurança nacional.

Se de fato estamos desejando a desmilitarização do país, inclusive na questão militar, política e economicamente, o Congresso deve assumir uma posição firme, através de suas comissões de segurança e de outras que deverão surgir, como uma que deveria controlar a venda e os negócios com armamentos brasileiros para o exterior. Esses seriam passos decisivos para que o Brasil pudesse caminhar, seguro, na direção da democracia.

O mesmo espírito e a mesma ação devem orientar um programa de desmilitarização da sociedade. Pelo que vimos no capítulo referente à militarização do cotidiano no Brasil, uma reforma das Polícias Militares e do Judiciário deve buscar eliminar a presença soberana desse mercado da segurança no seio da sociedade. É preciso uma campanha nacional de mobilização contra a violência, com o objetivo de criar uma legislação capaz de controlar todo esse comércio da violência que prolifera no país. A vida urbana e civil no Brasil de hoje transformou-se numa guerra, em que residências, edifícios, locais de trabalho são verdadeiras fortalezas. As empresas de segurança privada, um negócio bilionário, assim como a proliferação dos instrumentos de violência através de lojas e *boutiques*, devem ser controladas através de uma legislação eficaz coordenada pela ação das polícias e do Poder Judiciário.

Temos pela frente a gigantesca tarefa de desmilitarizar o país. E ela deve ser executada por toda a sociedade, inclusive com a participação dos militares. Não adianta pregar a simples volta aos quartéis. Poderemos estar criando condições para que eles venham a se reaglutinar e, diante do impasse e da fragilidade civil, voltem a intervir. Também o critério simplista da "profissionalização" das Forças Armadas não basta. Ironizando, poderíamos dizer que "profissionais" todos nós somos e, então, por que somente os militares precisam profissionalizar-se? Durante esses anos de militarismo, as Forças Armadas foram profissionais de uma ideologia, a da Segurança Nacional, e de um desenvolvimento modernizador predatório. E os militares acabaram se tornando mentalmente prisioneiros desses seus critérios, tanto na administração, no Governo, e na economia, quanto na visão da sociedade e da cultura. A despeito de algumas medidas administrativas bem-sucedidas, do "êxito" da produção bélica do país, os critérios que cultivaram induziram-nos a uma sucessão de erros e decisões que colocaram o país em um beco sem saída. Os resultados foram a grande deterioração da convivência social e o empobrecimento de uma vasta maioria da população brasileira.

A contemporização, as meias palavras e a insinceridade por parte dos que dirigem o país, nesta transição do militarismo para a democracia, bem como a falta de firmeza na condução de reformas sociais, poderão resultar no enfraquecimento, a curto prazo, da própria democracia que tanto queremos construir.

Sobre o Autor

CLÓVIS BRIGAGÃO nasceu em Campestre, MG, em 1942. Formou-se em Administração Pública pela FGV (Fundação Getúlio Vargas) em 1968 e obteve o grau de Mestre em Ciências Políticas em 1971 pelo Iuperj (Instituto Universitário de Pesquisas do Rio de Janeiro) da Universidade Cândido Mendes. No exterior, estudou no El Colegio de Mexico e tem mestrado e curso de doutorado (1972/1974) pela Universidade de Chicago.

Ex-Secretário Executivo de Relações Internacionais do PDT (Partido Democrático Trabalhista), trabalha atualmente como Assessor de Intercâmbios e Convênios Internacionais da UERJ (Universidade do Estado do Rio de Janeiro) e é Professor do Centro de Estudos Afro-Asiáticos da Universidade Cândido Mendes.

Colabora em jornais e revistas nacionais e estrangeiros e publicou *A corrida para a morte* e *O mercado da segurança,* ambos pela Nova Fronteira, e, como co-autor, *O armamentismo e o Brasil: a guerra deles,* organizado por Ricardo Arnt, pela Brasiliense.

Nesta mesma coleção...

BRASIL OS ANOS DE AUTORITARISMO
análise · balanço · perspectivas

O GOLPE NA EDUCAÇÃO

Luiz Antônio Cunha e Moacyr de Góes

O regime autoritário que por 20 anos dirigiu os destinos do país atingiu mortalmente os movimentos sociais que reinventavam a educação brasileira. Foi o que aconteceu com a "Campanha De Pé no Chão também se Aprende a Ler" (Natal), com o "Movimento de Cultura Popular" (Recife), com o "Movimento de Educação de Base" e tantos outros pelo Brasil a fora.

O GOLPE NA EDUCAÇÃO não se contentou em reprimir. Impôs novas políticas educacionais, inspiradas pelo imperialismo norte-americano e pelos interesses dos empresários do ensino.

Neste livro, são passados em revista tanto os movimentos educacionais de base popular dos anos 50 e 60, quanto as políticas educacionais do governo autoritário, de 1964 a 1984.

Para REVERTER O GOLPE NA EDUCAÇÃO, os autores incorporam as principais bandeiras das entidades e pessoas que lutam pela democratização da educação no Brasil.

Da mesma coleção...

BRASIL OS ANOS DE AUTORITARISMO análise · balanço · perspectivas

ECONOMIA: MILAGRE E ANTI-MILAGRE

Ignacio Rangel

Um depoimento do autor sobre o seu livro:

"Quando Cristina Zahar pediu-me o opúsculo que virá à luz sob o título voluntariamente provocador de 'Milagre e Anti-Milagre', percebi o perigo de deixar-me levar por uma das duas posições antitéticas: ou atribuir aos militares de 31 de março tudo o que de mal nos esteve acontecendo nos quatro lustros da ditadura, isto é, pintá-los como o próprio diabo; ou, ao contrário, enfatizar o extraordinário crescimento econômico que tivemos no período, isto é, fazer deles anjinhos de níveas asas.

A busca de um relato equilibrado seria e foi muito mais difícil que qualquer dessas posições. Mas a verdade é que o Brasil simplesmente *continuou*, muito idêntico a si mesmo. Desenvolvi nestas oitenta páginas a tese que sustentei no meu depoimento perante o IPM do BNDE, em 1964, falando aos militares e ao país, por cima da cabeça do *meu* coronel; o país havia chegado a uma perigosa encruzilhada, numa crise que não fora causada pelos homens de plantão, no comando, mas que também não era suficientemente percebida por eles. Ao primeiro exame, o *regime* – ou a Dualidade, como prefiro dizer – estava desmoronando e, como de outras vezes, eles, os homens de armas, foram chamados para escorá-lo. Acreditava que pudessem ter êxito porque, não obstante sua gravidade, aquela crise *não era de regime*. Mas que não se surpreendessem se, quando a hora da mudança realmente chegasse, eles mesmos, com igual desembaraço, virassem a mesa.

O que aconteceu."